Método de Violão

Canhoto
(Américo Jacomino)

NOVA EDIÇÃO
Com os acordes cifrados em todas as tonalidades.

Nº Cat.: 417-M

Irmãos Vitale Editores Ltda.
vitale.com.br
Rua Raposo Tavares, 85 São Paulo SP
CEP: 04704-110   editora@vitale.com.br   Tel.: 11 5081-9499

© Copyright 2012 by Irmãos Vitale Editores Ltda. - São Paulo - Rio de Janeiro - Brasil.
Todos os direitos autorais reservados para todos os países. *All rights reserved*.

Créditos

Capa
Luiz Guilherme Araujo

Projeto gráfico
Wiliam Kobata

Coordenação editorial
Roberto Votta

Produção executiva
Fernando Vitale

Fotos gentilmente cedidas pelo Sr. Luiz Américo Jacomino.

CIP-BRASIL. CATALOGAÇÃO NA FONTE
SINDICATO NACIONAL DOS EDITORES DE LIVROS - RJ.

....

J18m

Jacomino, Américo, 1889-1928
Método de violão / Américo Jacomino (Canhoto). - 1.ed. - São Paulo : Irmãos Vitale, 2012
36p. : il.

ISBN: 978-85-7407-359-0

1. Violão - Instrução e ensino. I. Título.

12-4528. CDD: 787.3
  CDU: 780.614.333

....

29.06.12 12.07.12 036956

Prefácio

Américo Jacomino, o Canhoto

Um violão virado pelo avesso. Essa é a sensação que se tem ao ver um canhoto tocando violão.

Ao contrário dos destros, uma pessoa canhota faz o acompanhamento, o ritmo, com a mão esquerda e os acordes com a direita. Para conseguir essa façanha, essa pessoa tem de inverter a posição do instrumento: o corpo do violão fica para o lado esquerdo e o braço para o lado direito. E ainda, para que tudo dê certo, a posição das cordas também deve ser invertida.

Pode parecer complicado para os destros, mas é assim com qualquer canhoto. No entanto, não foi desse jeito com Américo Jacomino. Afinal, ele não era um canhoto qualquer!

Filho de napolitanos, Américo Jacomino nasceu em São Paulo, na rua do Carmo, nº 23, no centro antigo da cidade, aos 12 de fevereiro de 1889, nove meses antes da Proclamação da República. Aprendeu a ler e a escrever com o pai e nunca frequentou o colégio. Seu irmão mais velho, Ernesto, tocava violão e bandolim.

Escondido do pai, que não queria filhos músicos, Américo Jacomino, autodidata que aprendeu a tocar violão aos 14 anos de idade, passava horas no porão de casa brincando com o instrumento do irmão. Até aí nada de mais, a não ser por um pequeno detalhe: Ernesto era destro.

Américo Jacomino, então, invertia a posição do instrumento, mas não podia fazer o mesmo com as cordas. Foi assim que o menino adquiriu o hábito de tocar as três primeiras cordas do violão – as agudas – com o polegar da mão esquerda, e as graves – os baixos – com os dedos anular, médio e indicador, criando uma técnica peculiar e extraordinária de tocar violão. E assim, Américo Jacomino ficou conhecido como o Canhoto.

Canhoto era, também, muito habilidoso com pincéis e tinta e, ainda menino, ganhava algum dinheiro pintando painéis e azulejos, o que lhe proporcionava independência para tocar violão, mesmo contrariando o pai.

Aos 16 anos de idade, além do violão, Canhoto tocava cavaquinho e participava de serestas. Em 1907, começou a tocar profissionalmente como integrante de um trio que se apresentava em pequenos restaurantes e bares de São Paulo. Em uma dessas apresentações, conheceu Roque Ricciard, o Paraguassu, que o contratou para que o acompanhasse nos restaurantes, circos e cinemas em que cantava.

Ainda em 1907, adquiriu um violão da fábrica de Tranquillo Giannini. A imagem desse violão figura na capa desta nova edição atualizada do tradicional Método de violão de Canhoto.

Canhoto gravou seus primeiros discos por volta de 1912, pela Odeon. Entre as primeiras músicas gravadas constava "Acordes de violão", posteriormente renomeada como "Abismo de rosas", que veio a se tornar um grande clássico do violonista e repertório obrigatório de todos os que lhe sucederam.

Entre suas notáveis composições destacam-se, além de "Abismo de rosas", "Marcha dos marinheiros", "Triste carnaval", "Arrependida", dezenas de músicas para o carnaval. A valsa "Escuta minha alma" foi sua última composição.

Em 5 de setembro de 1916, Canhoto realizou um concerto histórico, com auditório lotado, no Salão Nobre do Conservatório Dramático e Musical de São Paulo. Esse evento ocorreu pouco depois de uma apresentação de violonistas estrangeiros no Brasil, que divulgaram novas técnicas e contribuíram para a valorização do violão no país.

Devido ao enorme sucesso, aos 27 anos, Canhoto passou a se apresentar em diversas cidades do Brasil, incluindo o Rio de Janeiro.

Em fevereiro de 1927, Canhoto ganhou o primeiro prêmio do

concurso "O que é nosso", promovido pelo jornal Correio da Manhã no Teatro Lírico do Rio de Janeiro, apresentando o samba "Viola, minha viola", a valsa "Abismo de rosas" e a "Marcha triunfal brasileira". Recebeu ainda o título de Rei do Violão Brasileiro nesse mesmo evento.

Casou-se com Maria Vieira de Morais e da união nasceram seus filhos Maria Aparecida e Luiz Américo.

Américo Jacomino, o Canhoto, morreu no dia 7 de setembro de 1928, em São Paulo, aos 39 anos de idade, vítima de complicações no coração.

Luiz Américo Jacomino
Maio de 2012

Luiz Américo Jacomino, filho de Canhoto, com o violão do pai.

Introdução

Como se deve afinar o violão

Com o auxílio do diapasão afina-se a quinta corda, que corresponde ao Lá. Isso é feito pondo-se o dedo sobre o quinto traste da mesma e ferindo-a ter-se-á o Ré, que servirá para afinar a quarta corda. No quinto traste da quarta corda encontra-se o Sol, que servirá para afinar a terceira corda. No quarto traste desta (e não no quinto) é o Si, com o qual se afinará a segunda corda e, finalmente, no quinto traste ter-se-á o Mi, que servirá para afinar a primeira corda (prima) como a sexta, esta última, porém, está duas oitavas abaixo da prima.

Como se deve sentar para suster o violão

Para bem suster o violão, o executante deve sentar-se numa cadeira ou banco e pousar o pé esquerdo sobre um tamborete com, mais ou menos, 20 centímetros de altura. Recua-se um pouco o pé direito, conservando-se a perna esquerda na posição natural. O corpo deve ficar levemente inclinado para frente, de modo que seu peso recaia sobre a perna esquerda e o violão mantenha-se transversalmente sobre a coxa esquerda. Essa posição é a preferida, tendo em vista que oferece três pontos de apoio ao violão e este se mantém em equilíbrio sem que as mãos do executante sejam forçadas.

Modo de colocar as mãos

Mão esquerda

A mão esquerda deve segurar ligeiramente o braço do violão entre o polegar e o indicador (ou índex). A extremidade do polegar pousa do lado dos bordões entre a 1ª e 2ª casas, e a grande falange do indicador pousa ao lado da prima.

O antebraço cai naturalmente e o cotovelo deve ficar afastado do corpo. O braço e o punho devem formar uma curva.

Os dedos conservam-se separados uns dos outros e ficam por cima das cordas, prontos a pousarem sobre as quatro primeiras casas. Nessa posição, os dedos caem naturalmente sobre as três primeiras cordas. Quando da necessidade de tocar com eles as três últimas cordas, deve-se curvar mais o punho e colocar o polegar sob o braço do violão.

Eventualmente, o executante usa o polegar para dedilhar algumas notas na sexta corda e elas são indicadas com a abreviatura (pol.) posicionada abaixo dessas notas.

Mão direita

O braço direito apoia-se sobre o corpo do violão, na direção do cavalete. O dedo mínimo pousa levemente sobre o tampo, junto da prima e próximo ao cavalete. O polegar, separado dos demais, deve se manter alongado e pousado sobre os bordões. Os outros dedos, um pouco curvados, se conservam sobre as três cordas primas.

Modo de ferir as cordas

Para se ferir as cordas do violão são usados quatro dedos: o polegar, o indicador, o médio e o anular. As 6ª, 5ª e 4ª cordas, sobre as quais ordinariamente são executadas as notas chamadas de acompanhamento, são feridas com o polegar. As outras são vibradas, tanto nas escalas como nas frases de melodia, pelos dedos indicador e médio, alternadamente, mudando-se de dedo a cada nota. O anular é reservado para os acordes e arpejos compostos de quatro, cinco e seis notas.

Para a obtenção de um som cheio e ao mesmo agradável é preciso ferir um pouco forte, mas sem ruído, com as extremidades dos dedos evitando-se o contato das unhas com as cordas, que devem ser feridas com destreza.

Quando se faz soar as cordas grossas, o polegar da mão direita não deve se levantar senão para ferir outras notas: exceto no caso em que a corda imediata deva também ser vibrada por outro dedo, ao mesmo tempo ou logo depois. Em tais casos, o polegar deve unir-se à corda logo depois de tocá-la.

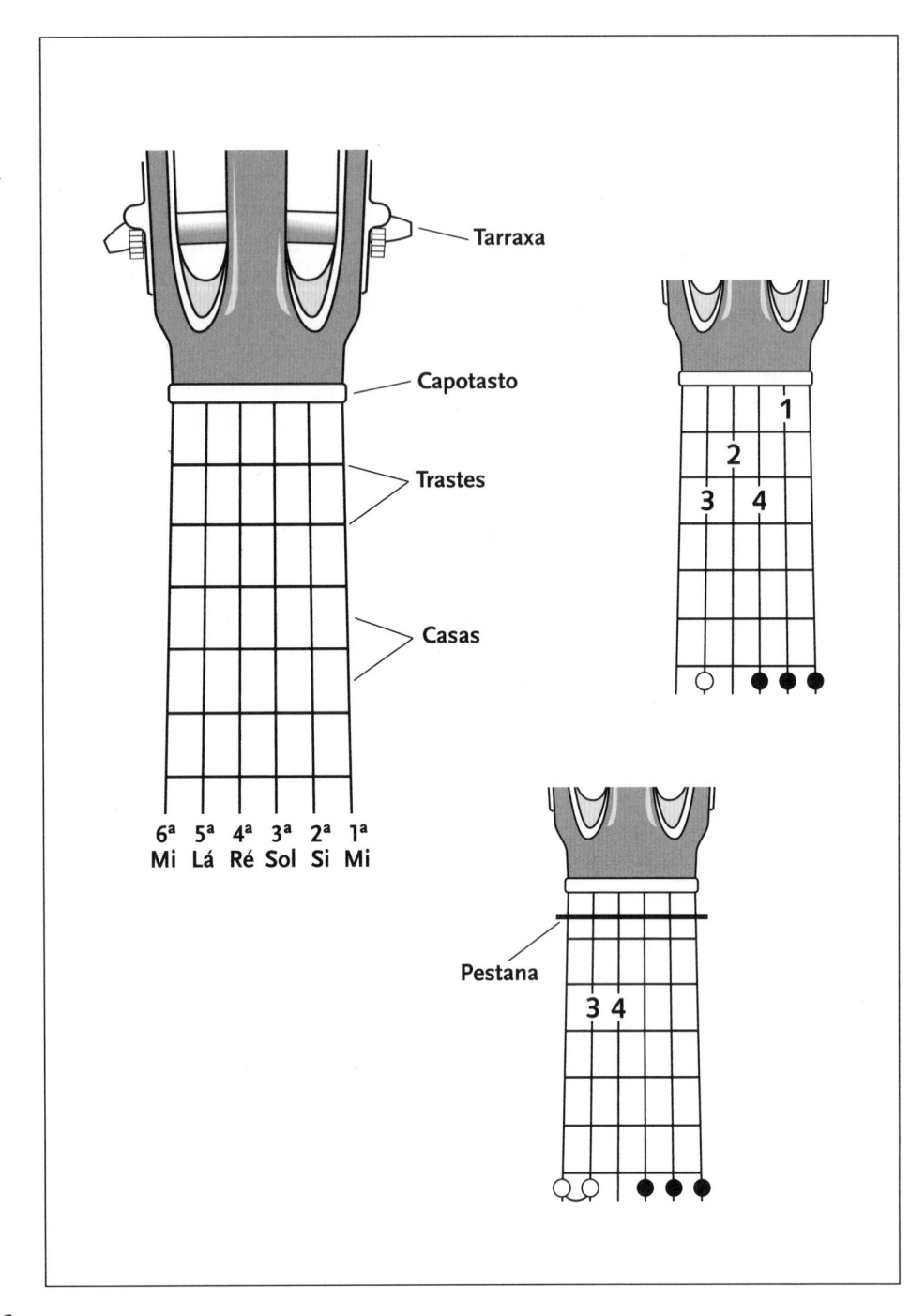

Há um grande número de casos em que o polegar é obrigado a ferir a 2ª e a 3ª cordas, e o indicador e o médio, a 4ª corda e ainda a 5ª corda. Esses casos apresentam-se, muitas vezes, em acordes, arpejos, passagem de terceiras, sextas e oitavas, e ainda nas frases cantantes. Em todos esses casos, as notas que devem ser feridas pelo polegar são escritas com uma cauda dupla.

Instruções

O violão tem seis cordas. As três primeiras são tocadas, respectivamente, com os dedos médio, anular e mínimo da mão direita, e as outras com o polegar.

Em cada acorde deste método, para maior clareza, foram adotados sinais convencionais. Para a mão direita são somente dois sinais: as cordas com os sinais (o) devem ser feridas com o polegar e servem de baixo em cada acorde, e as com os sinais pretos (•) devem ser tocadas com os outros dedos acima mencionados.

Para a mão esquerda, os sinais são os seguintes:
(Pol.) indica polegar; (1) o indicador; (2) o médio; (3) o anular; e, (4) o dedo mínimo.

Há acordes em que o 1º e o 4º dedos fazem pressão sobre várias cordas ao mesmo tempo. O sinal (⎯⎯⎯) que alcança várias cordas e se chama *pestana* significa que o dedo ali indicado deve fazer, ao mesmo tempo, pressão em todas as cordas nele incluídas.

As cordas com um número acima e sem nenhum sinal para a mão direita devem ser tocadas com o polegar e servem de adorno do baixo, proporcionando assim mais harmonia.

Para melhor efeito, as cordas devem ser feridas no centro do bojo do violão e os dedos da mão esquerda devem ter as unhas bem aparadas, a fim de melhor prenderem as cordas e as notas saírem com bastante nitidez.

N.B.: Para se conseguir as vibrações é necessário colocar o dedo na corda desejada e tanger com toda a rapidez a mão, e firmar bem o dedo na corda.

Como são obtidos os harmônicos

Apenas um pequeno contato do dedo na corda, sem pressioná-la, sobre os trastes 5º, 7º e 12º. Poderão ser feitos nas seis cordas de uma em uma ferindo 1ª, 2ª, 3ª, 4ª, 5ª e 6ª.

Sinais convencionais

Os círculos pretos representam as cordas agudas (1ª, 2ª, 3ª). O círculo branco, o baixo do acorde. Dois círculos brancos ligados por um arco (⌒) indicam cordas que devem ser pulsadas pelo polegar em movimento único, ou, não sendo cordas contíguas, tocadas o mais simultaneamente possível.

Cifrado

Em algumas músicas, especialmente de origem estrangeira, pode ser encontrada a indicação das posições cifradas que devem ser interpretadas da seguinte forma: CM (Dó Maior), G7 (7ª da dominante), FM (Fá Maior), ou seja, 1ª, 2ª e 3ª posições de **Dó Maior**, respectivamente.

Cm, G7, e Fm indicam 1ª, 2ª e 3ª de **Dó menor**.

Observe:

A corresponde a **Lá**.
B corresponde a **Si**.
C corresponde a **Dó**.
D corresponde a **Ré**.
E corresponde a **Mi**.
F corresponde a **Fá**.
G corresponde a **Sol**.

Dó maior

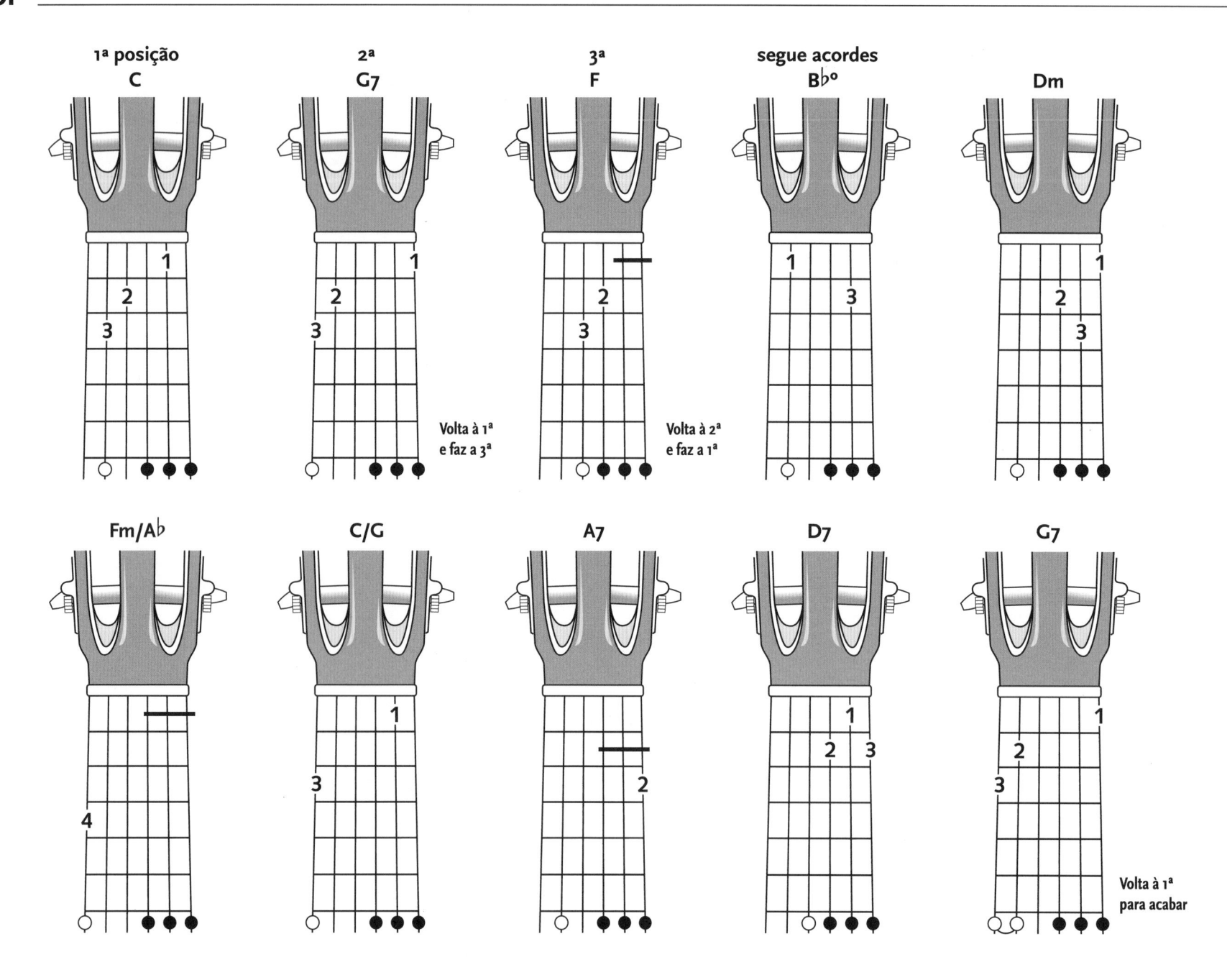

1ª posição	2ª	3ª	segue acordes	
C	G7	F	B♭°	Dm

Volta à 1ª e faz a 3ª (G7)
Volta à 2ª e faz a 1ª (F)

Fm/A♭	C/G	A7	D7	G7

Volta à 1ª para acabar (G7)

Dó menor

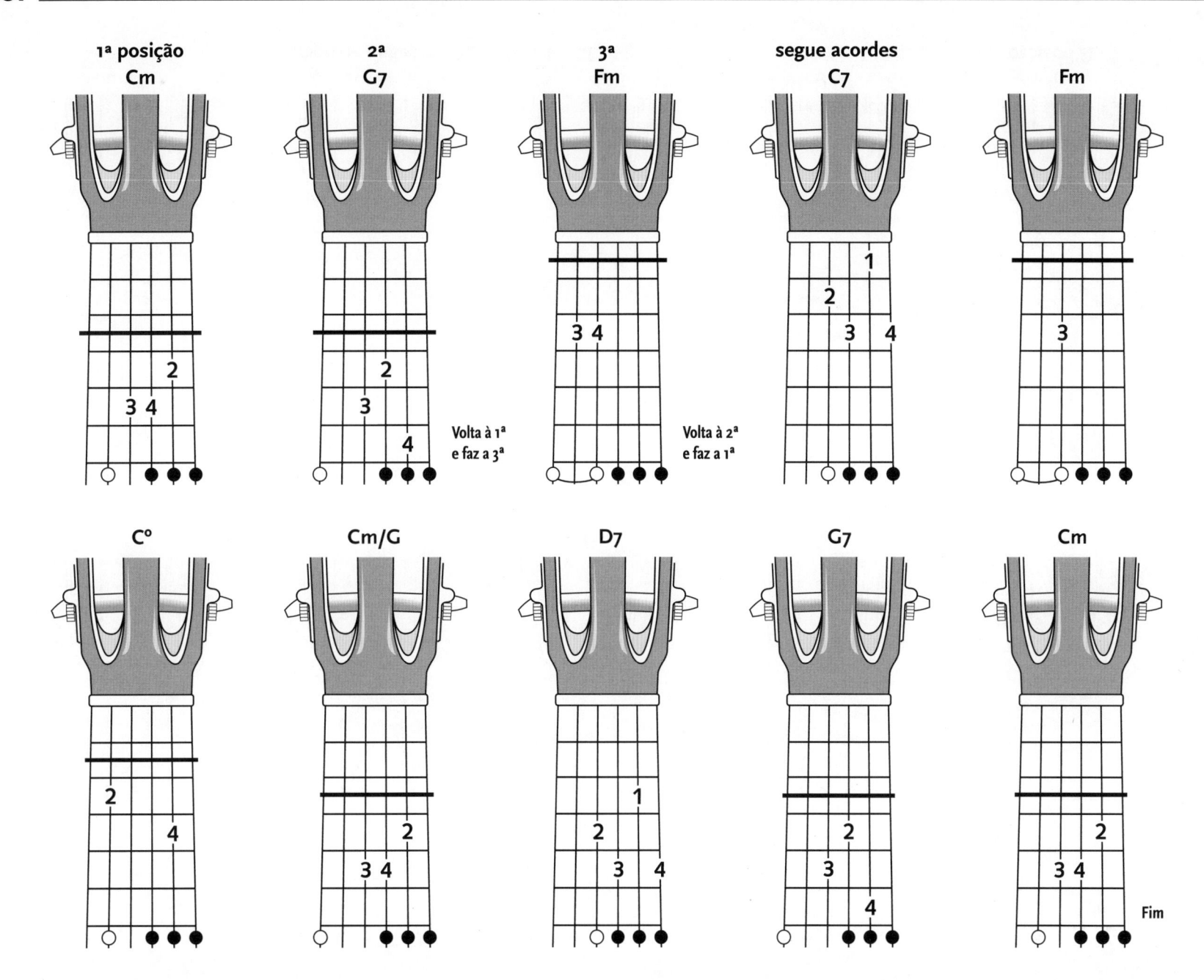

1ª posição	2ª	3ª	segue acordes	
Cm	G7	Fm	C7	Fm

Volta à 1ª e faz a 3ª

Volta à 2ª e faz a 1ª

C°	Cm/G	D7	G7	Cm

Fim

Ré maior

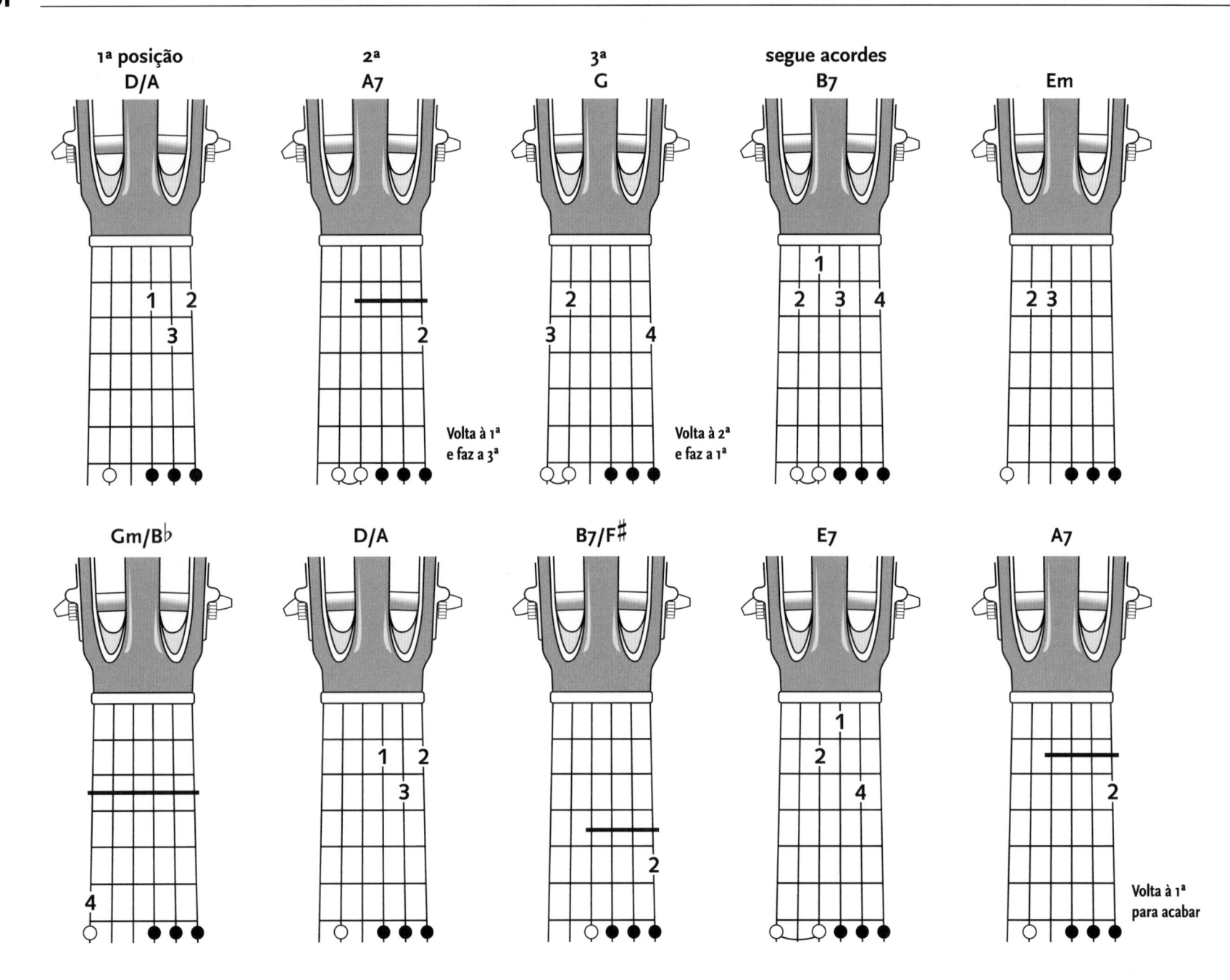

1ª posição
D/A

2ª
A7

3ª
G

segue acordes
B7

Em

Volta à 1ª e faz a 3ª

Volta à 2ª e faz a 1ª

Gm/B♭

D/A

B7/F#

E7

A7

Volta à 1ª para acabar

Ré menor

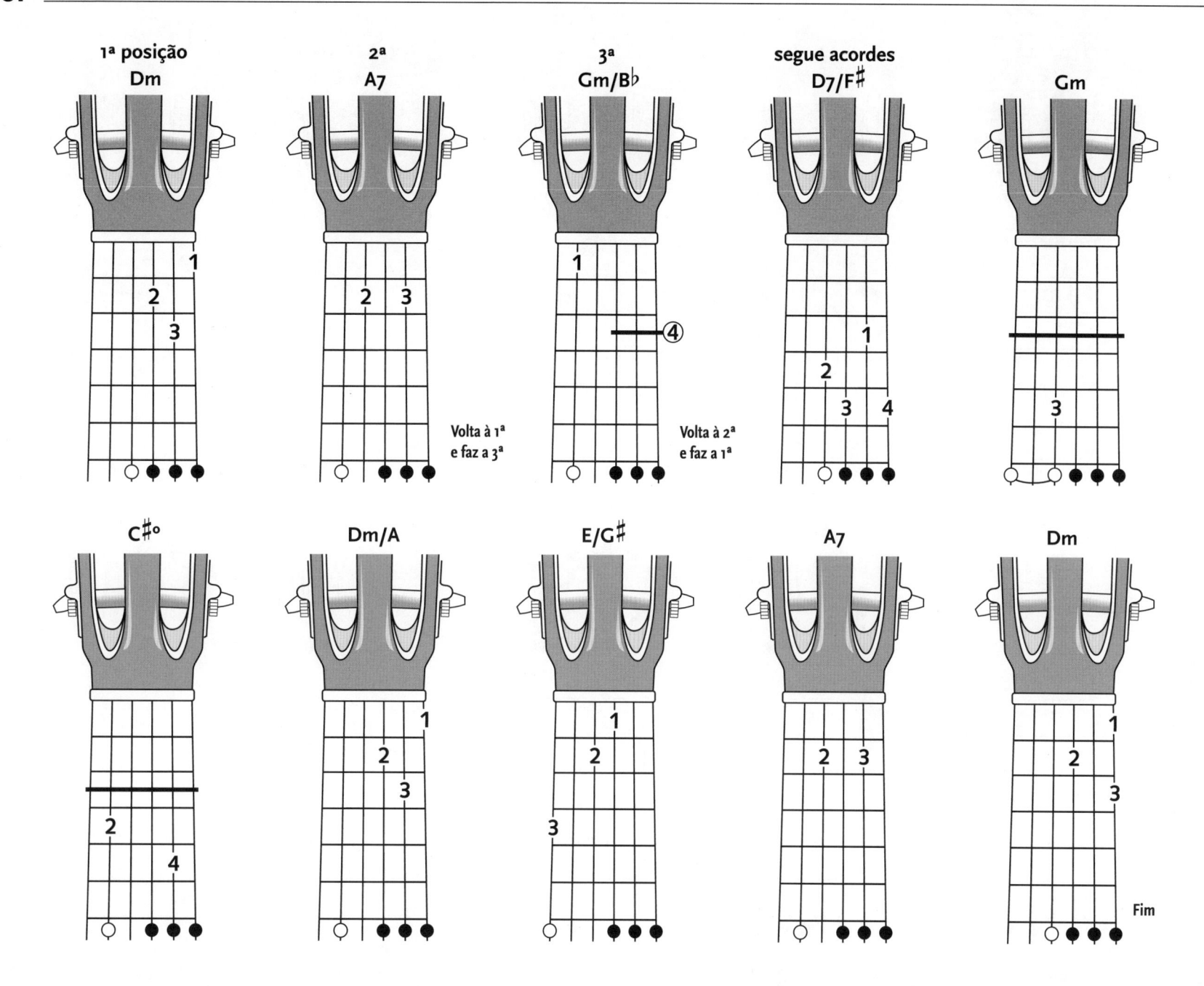

1ª posição
Dm

2ª
A7

3ª
Gm/B♭

segue acordes
D7/F#

Gm

Volta à 1ª e faz a 3ª

Volta à 2ª e faz a 1ª

C#°

Dm/A

E/G#

A7

Dm

Fim

Mi maior

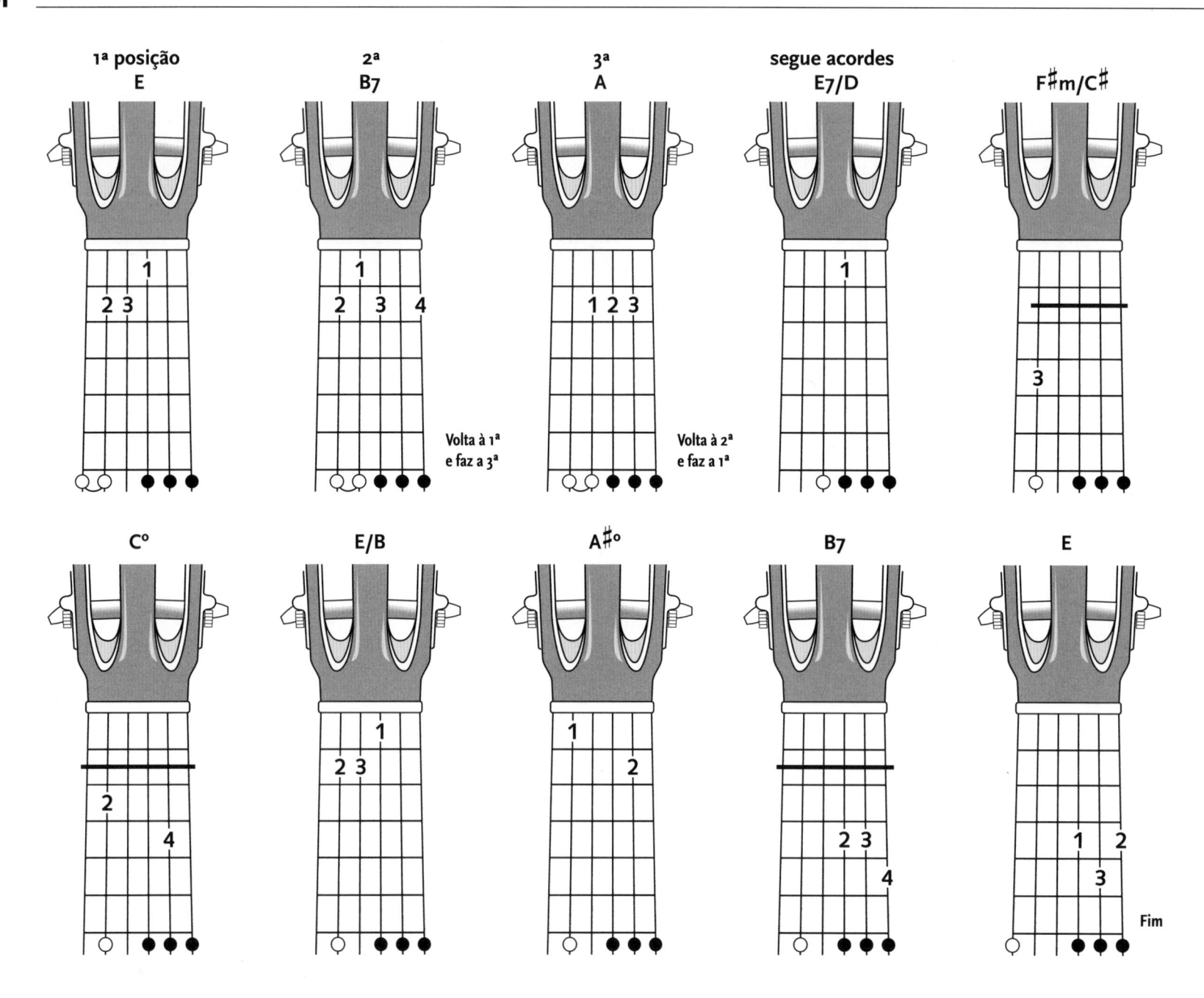

1ª posição E	2ª B7	3ª A	segue acordes E7/D	F#m/C#
		Volta à 1ª e faz a 3ª	Volta à 2ª e faz a 1ª	

C°	E/B	A#°	B7	E
				Fim

Mi menor

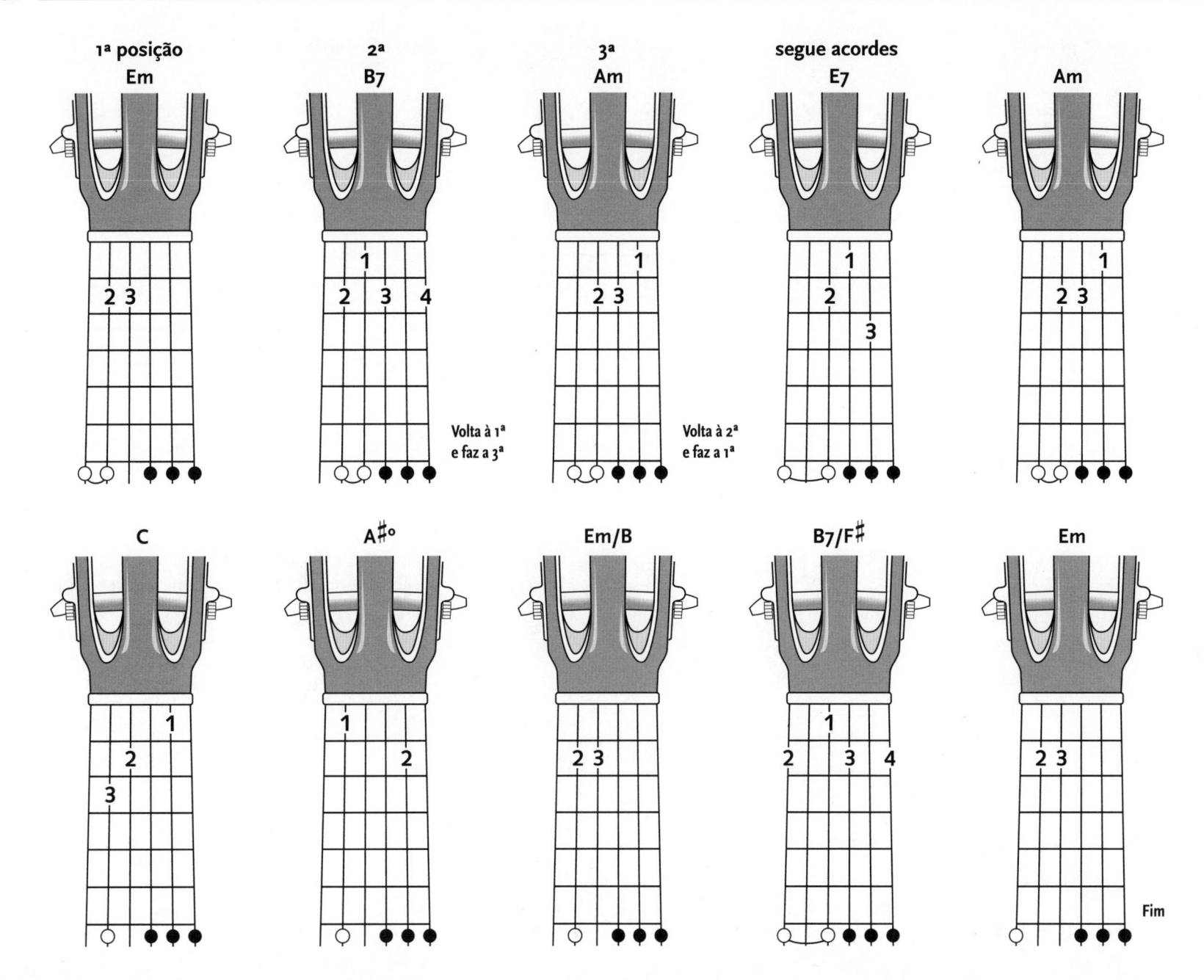

1ª posição	2ª	3ª	segue acordes	
Em	B7	Am	E7	Am

Volta à 1ª e faz a 3ª

Volta à 2ª e faz a 1ª

C	A#º	Em/B	B7/F#	Em

Fim

Fá maior

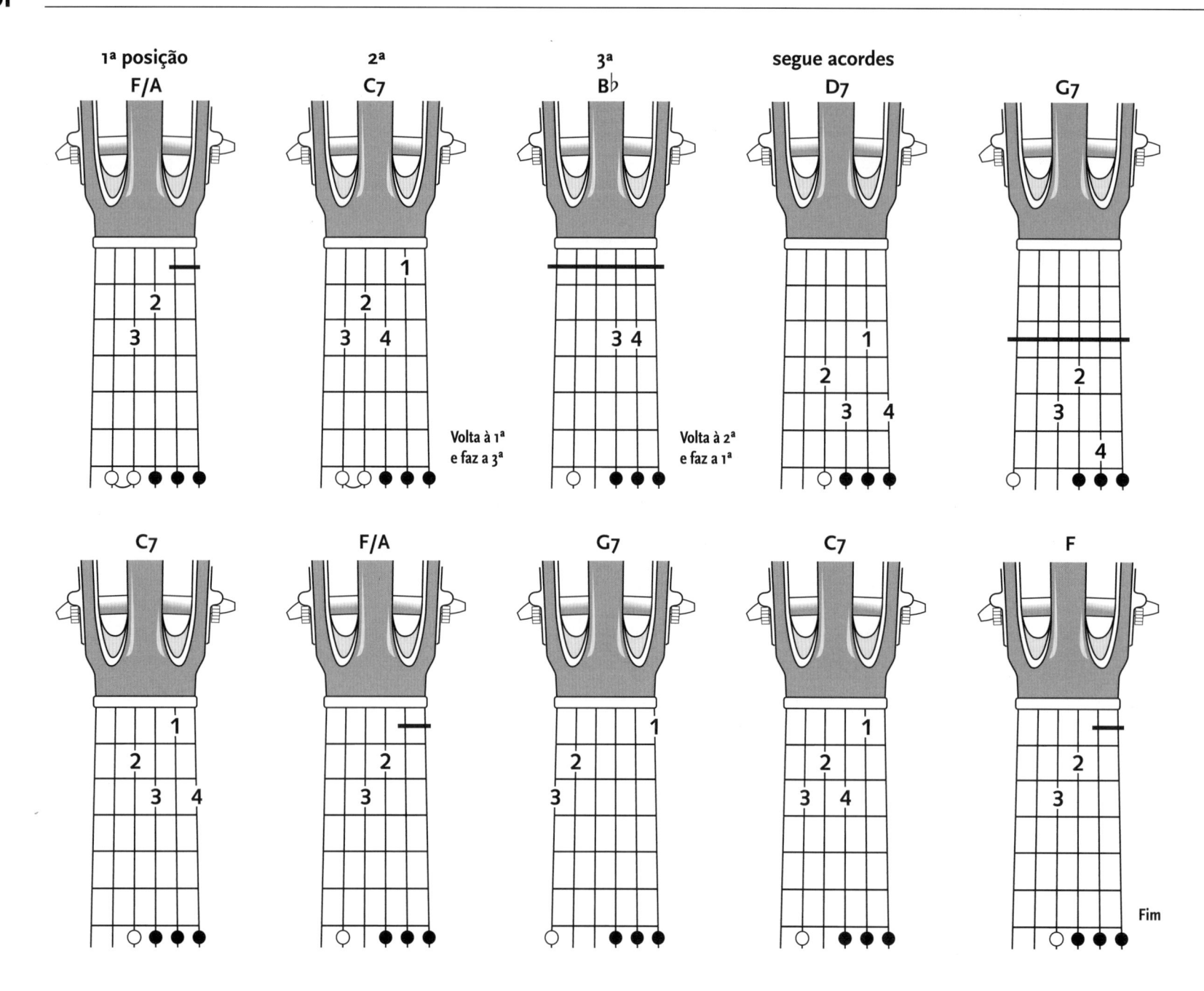

1ª posição	2ª	3ª	segue acordes	
F/A	C7	Bb	D7	G7

Volta à 1ª e faz a 3ª

Volta à 2ª e faz a 1ª

C7	F/A	G7	C7	F

Fim

Fá menor

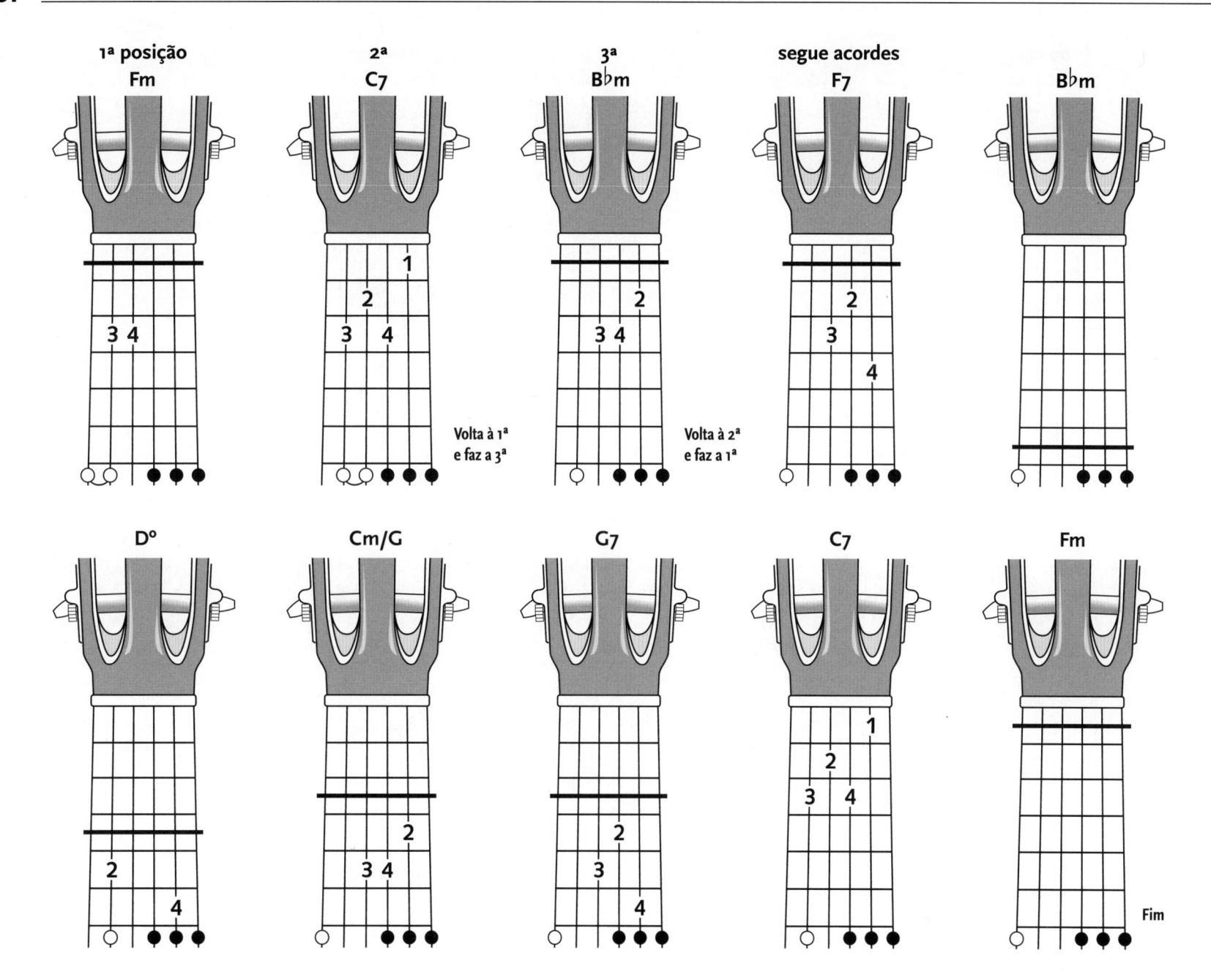

1ª posição	2ª	3ª	segue acordes	
Fm	C7	B♭m	F7	B♭m

Volta à 1ª e faz a 3ª (under 2ª C7)

Volta à 2ª e faz a 1ª (under 3ª B♭m)

D°	Cm/G	G7	C7	Fm

Fim

Sol maior

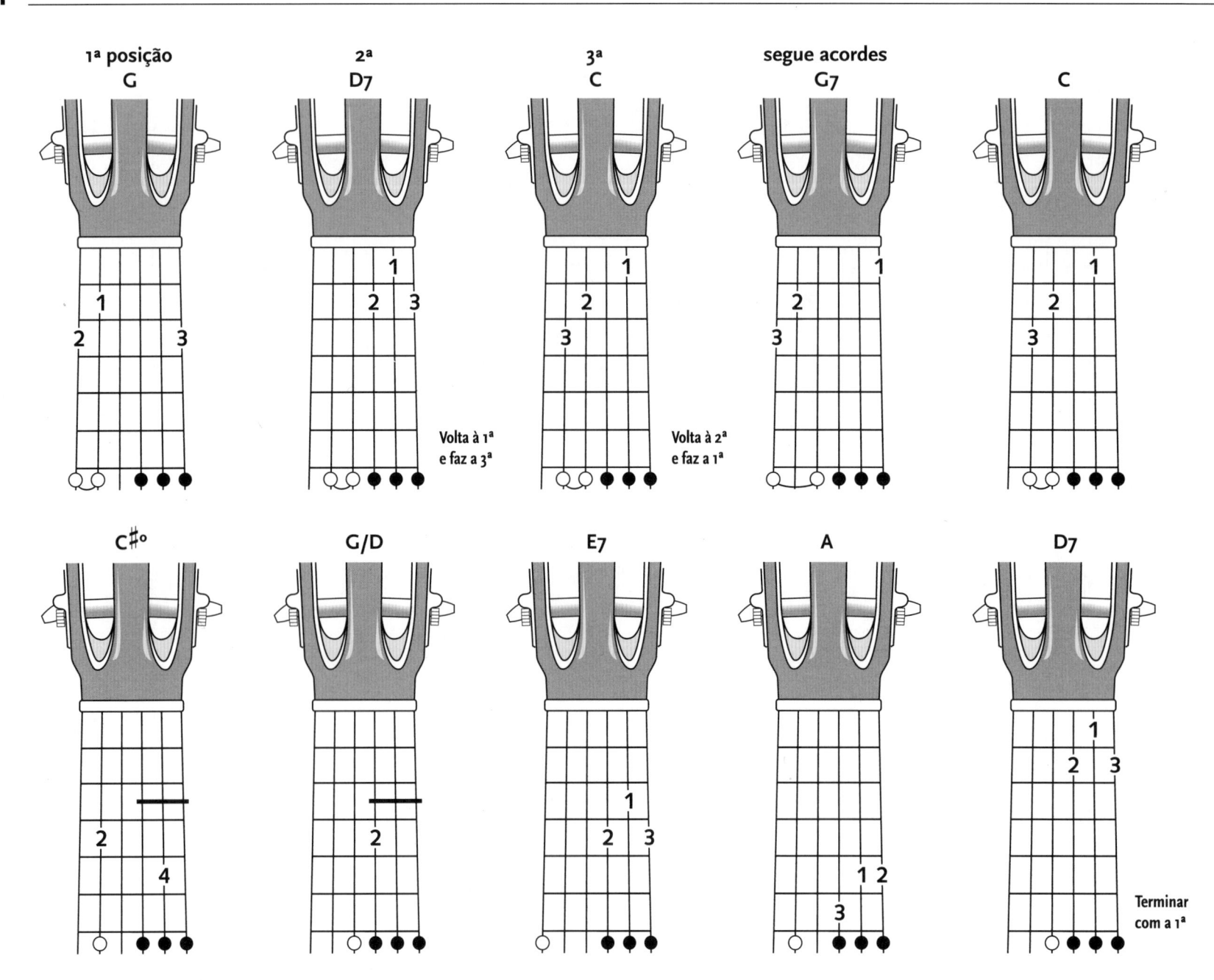

1ª posição
G

2ª
D7

3ª
C

Volta à 1ª
e faz a 3ª

segue acordes
G7

Volta à 2ª
e faz a 1ª

C

C#°

G/D

E7

A

D7

Terminar
com a 1ª

Sol menor

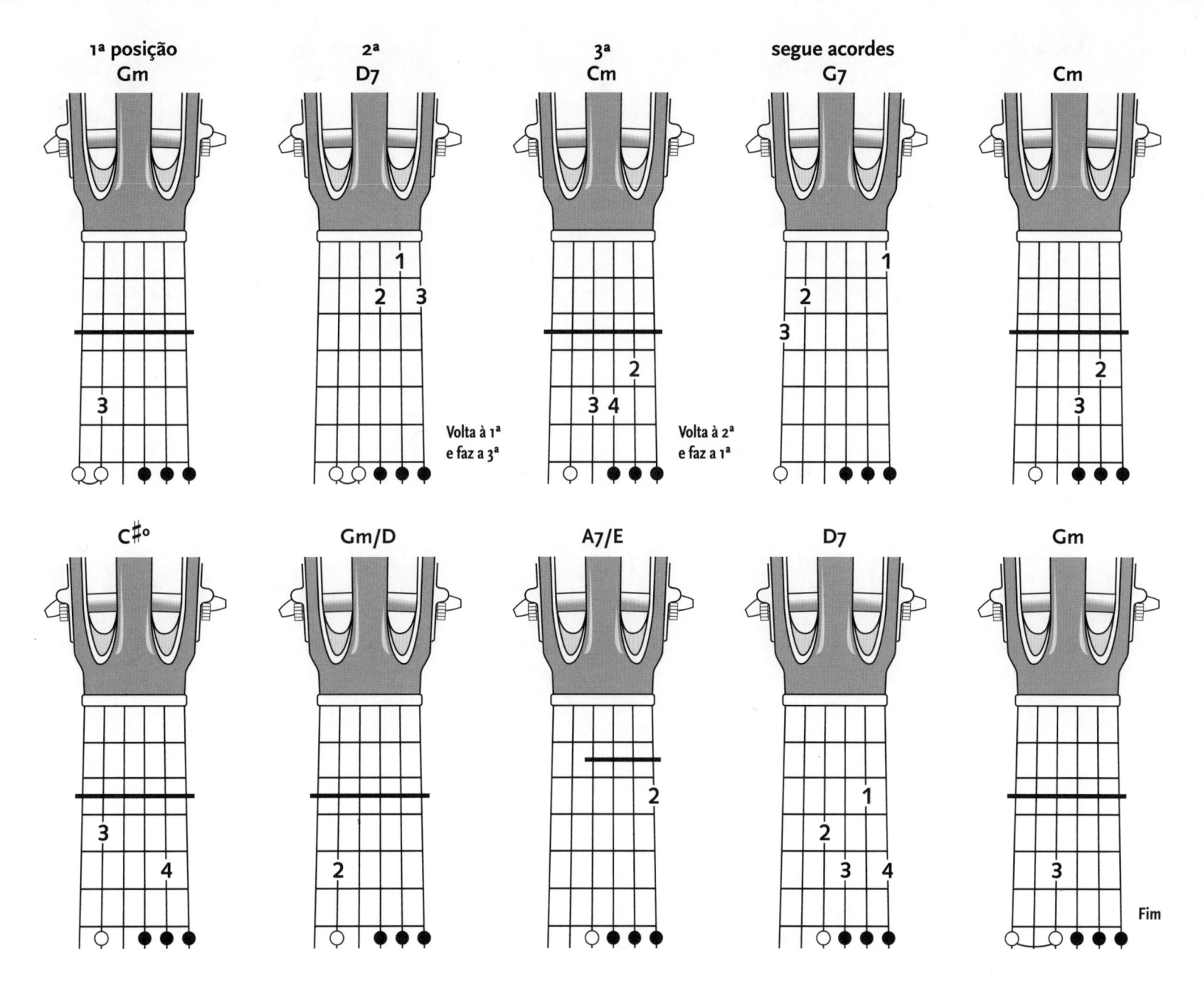

1ª posição	2ª	3ª	segue acordes	
Gm	D7	Cm	G7	Cm

Volta à 1ª e faz a 3ª

Volta à 2ª e faz a 1ª

C#°	Gm/D	A7/E	D7	Gm

Fim

Lá maior

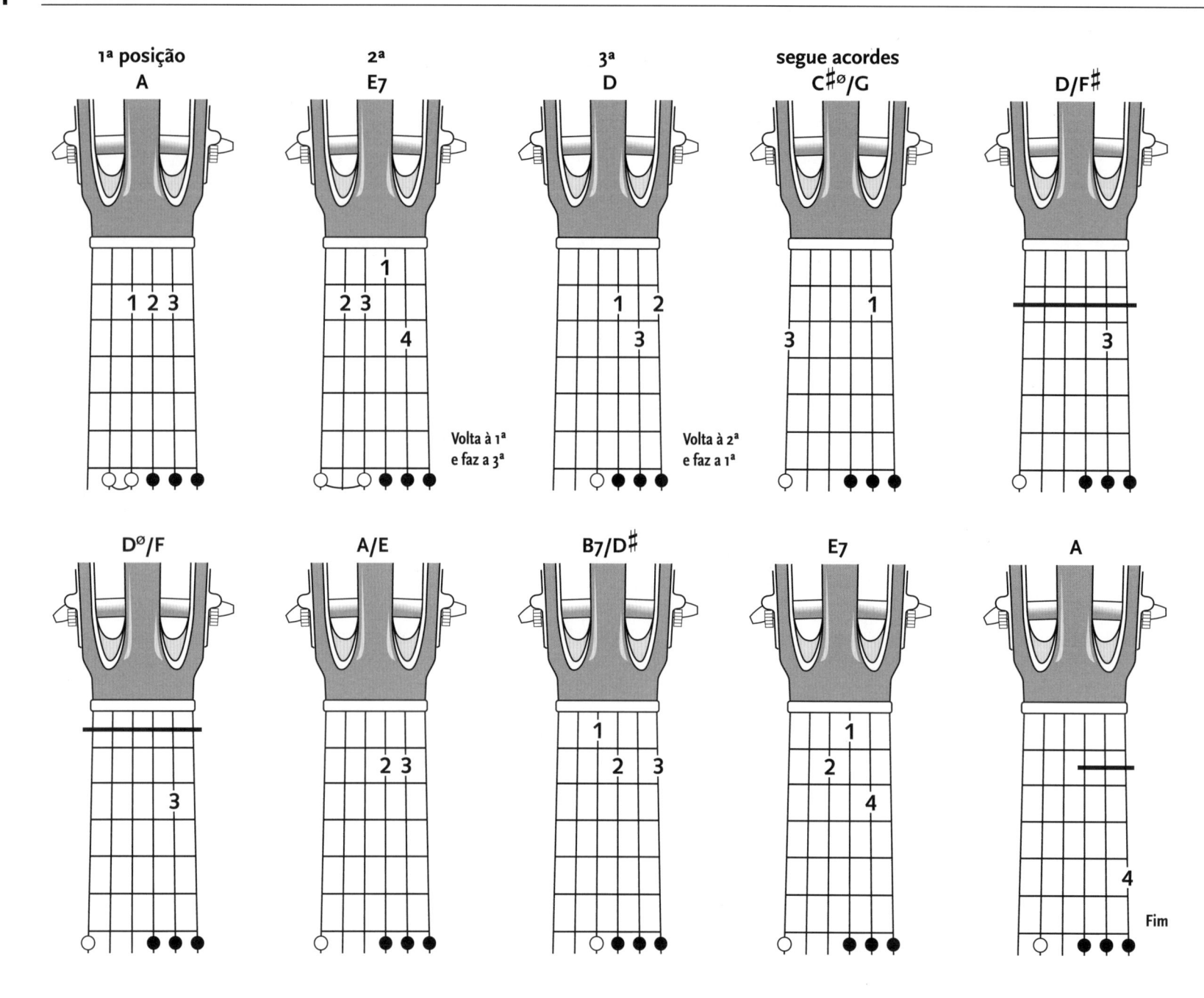

1ª posição
A

2ª
E7

3ª
D

segue acordes
C#ø/G

D/F#

Volta à 1ª e faz a 3ª

Volta à 2ª e faz a 1ª

Dø/F

A/E

B7/D#

E7

A

Fim

Lá menor

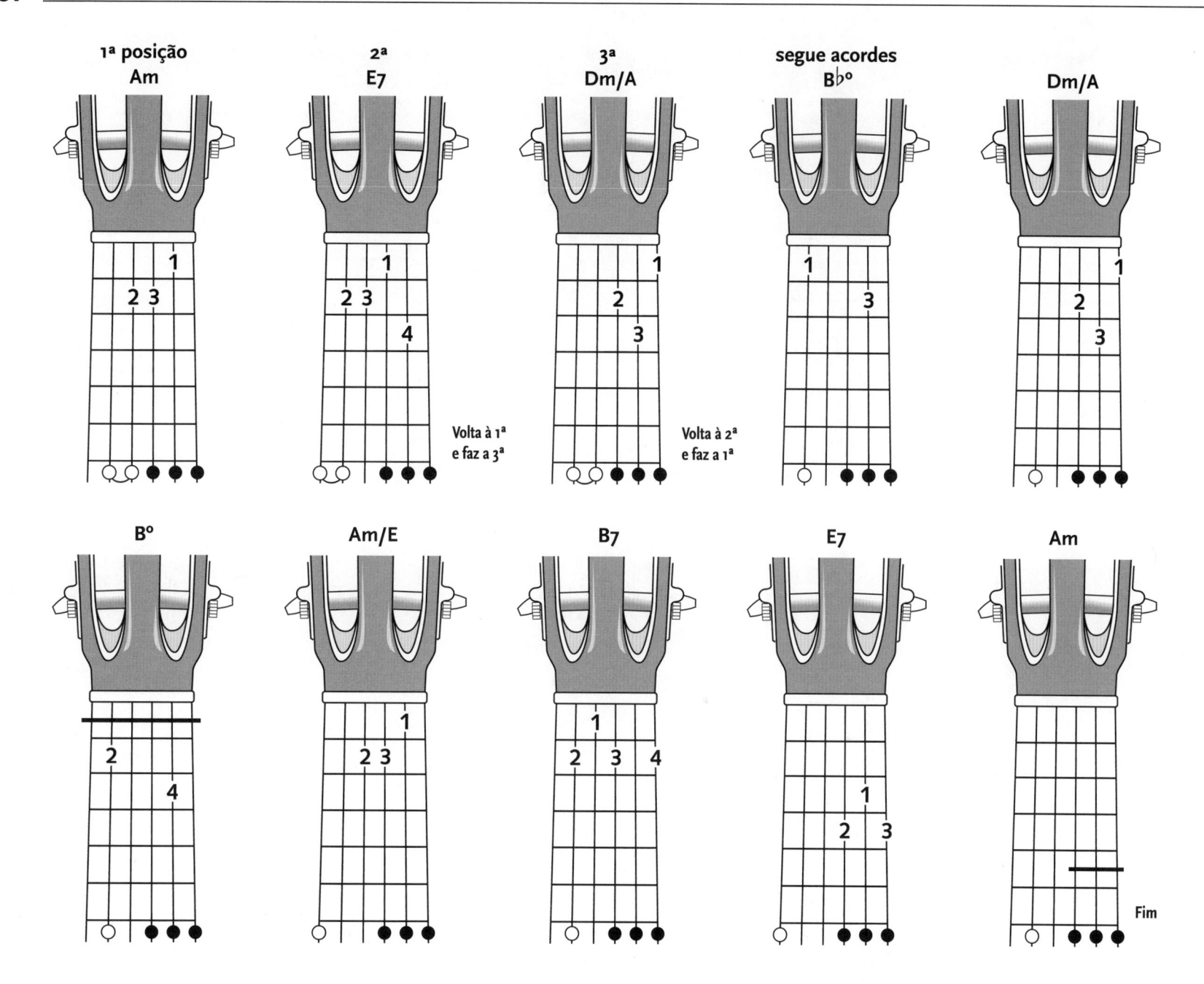

1ª posição Am	2ª E7	3ª Dm/A	segue acordes B♭º	Dm/A

Volta à 1ª e faz a 3ª

Volta à 2ª e faz a 1ª

Bº	Am/E	B7	E7	Am

Fim

Si maior

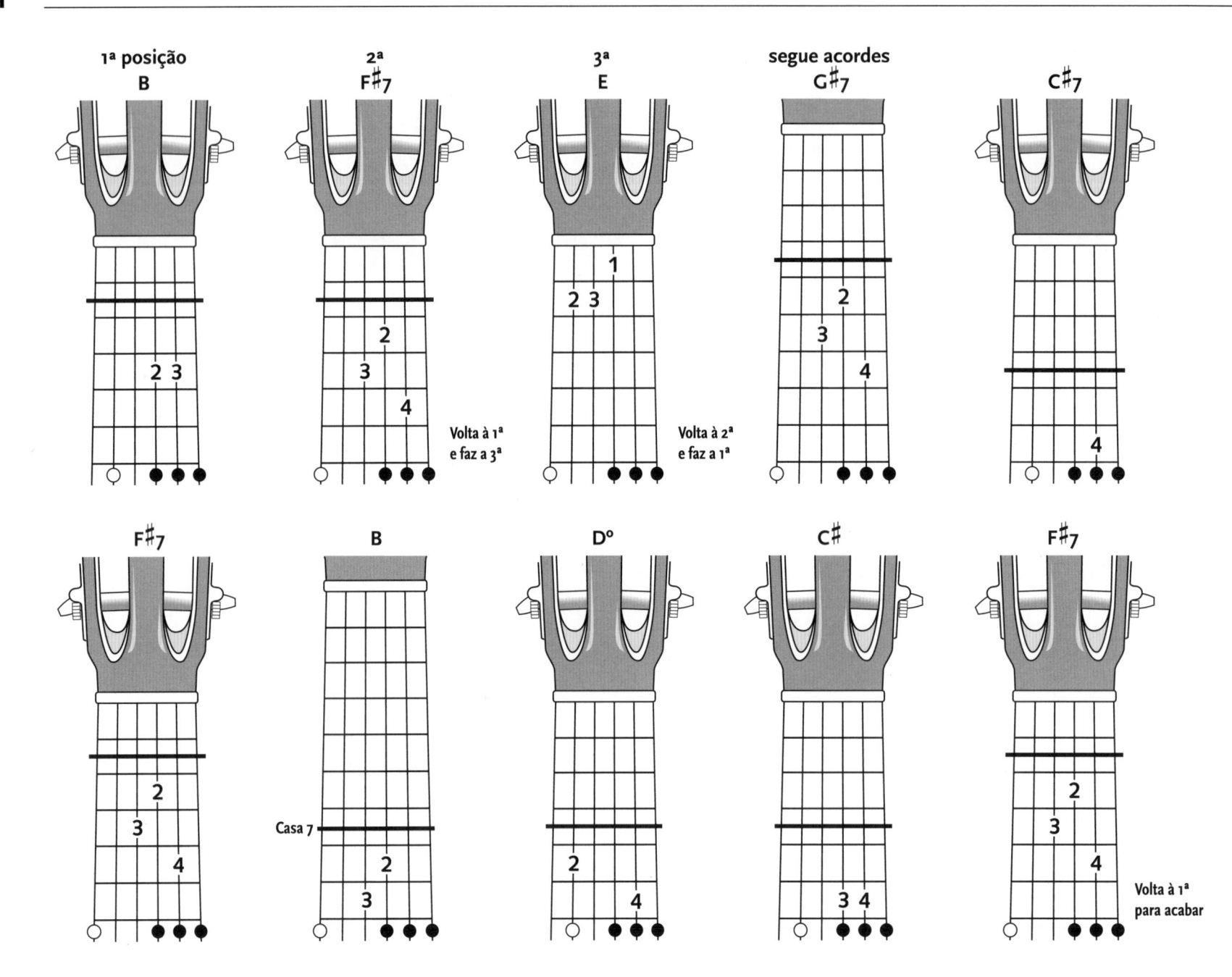

1ª posição
B

2ª
F#7

3ª
E

segue acordes
G#7

C#7

Volta à 1ª e faz a 3ª

Volta à 2ª e faz a 1ª

F#7

B (Casa 7)

D°

C#

F#7

Volta à 1ª para acabar

Si menor

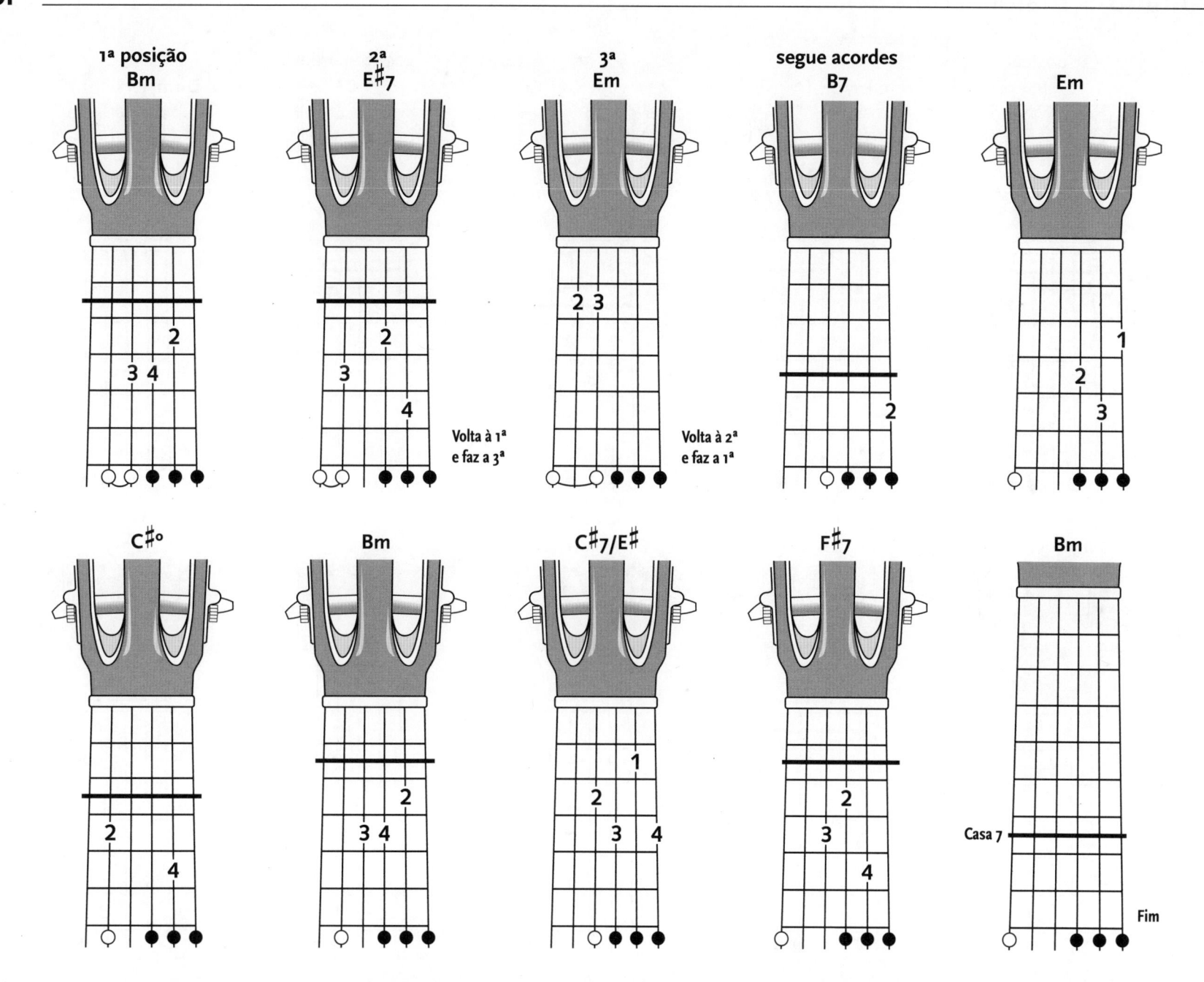

1ª posição
Bm

2ª
E#7

3ª
Em

Volta à 1ª e faz a 3ª

segue acordes
B7

Volta à 2ª e faz a 1ª

Em

C#º

Bm

C#7/E#

F#7

Bm

Casa 7

Fim

Dó sustenido [♯] maior (ou RÉ BEMOL [♭] MAIOR)

1ª posição
C♯ (D♭)

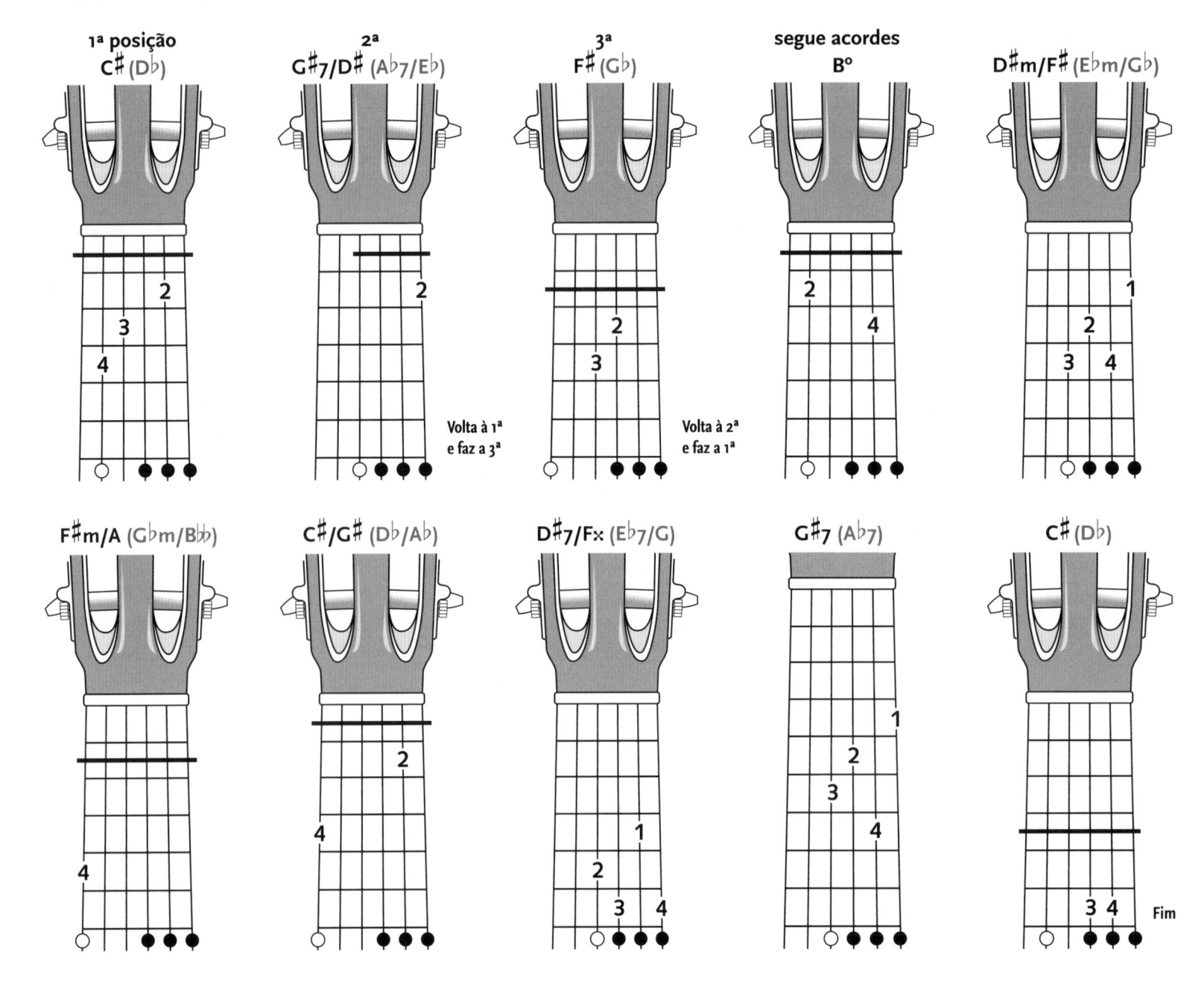

2ª
G♯7/D♯ (A♭7/E♭)

3ª
F♯ (G♭)

segue acordes
B°

D♯m/F♯ (E♭m/G♭)

Volta à 1ª e faz a 3ª

Volta à 2ª e faz a 1ª

F♯m/A (G♭m/B♭♭)

C♯/G♯ (D♭/A♭)

D♯7/F𝄪 (E♭7/G)

G♯7 (A♭7)

C♯ (D♭)

Fim

Dó sustenido [#] menor (ou RÉ BEMOL [♭] MENOR)

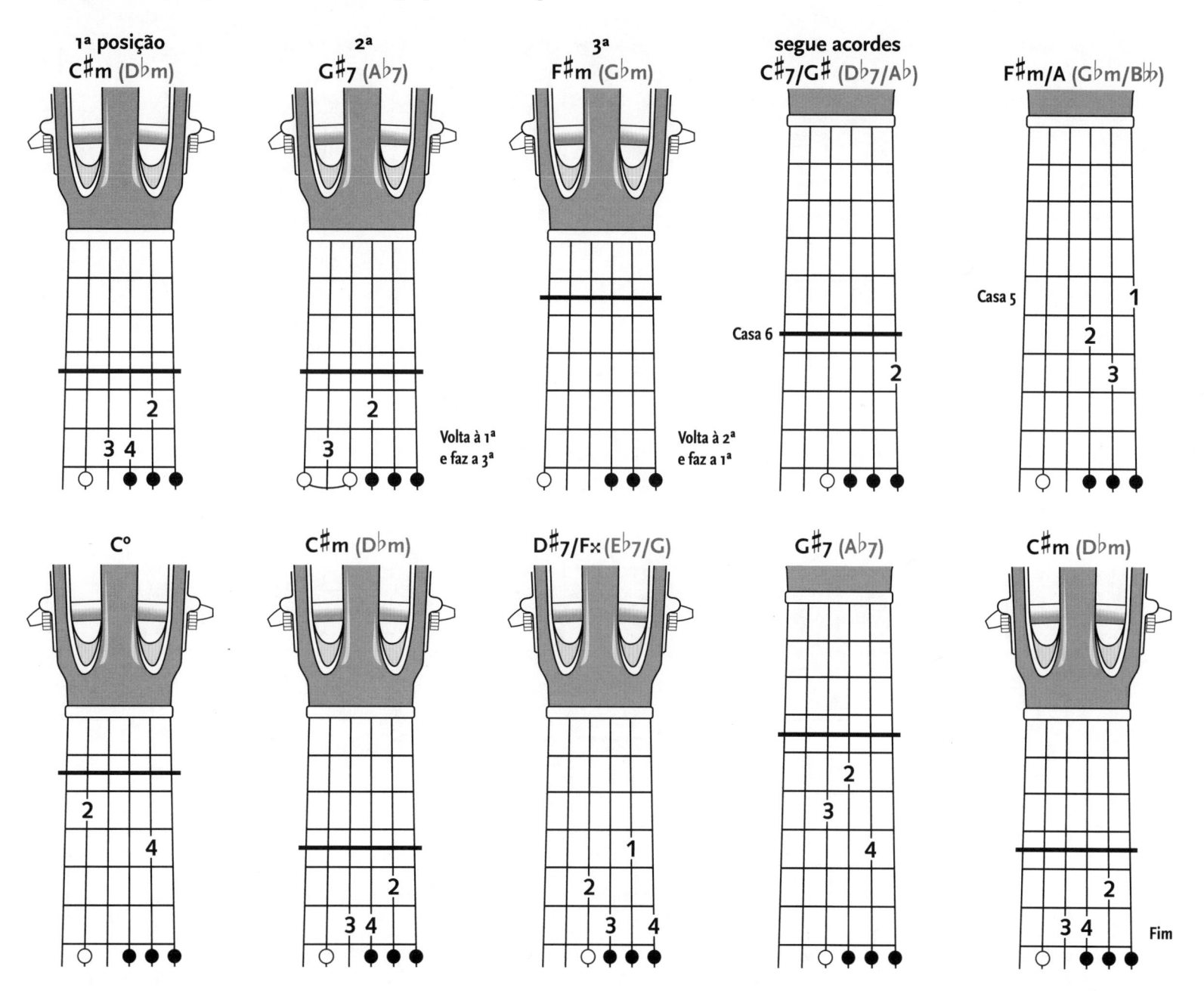

1ª posição
C#m (D♭m)

2ª
G#7 (A♭7)

3ª
F#m (G♭m)

segue acordes
C#7/G# (D♭7/A♭) — Casa 6

F#m/A (G♭m/B♭♭) — Casa 5

Volta à 1ª e faz a 3ª

Volta à 2ª e faz a 1ª

C°

C#m (D♭m)

D#7/F𝑥 (E♭7/G)

G#7 (A♭7)

C#m (D♭m) — Fim

23

Ré sustenido [♯] maior (ou MI BEMOL [♭] MAIOR)

1ª posição
D♯ (E♭)

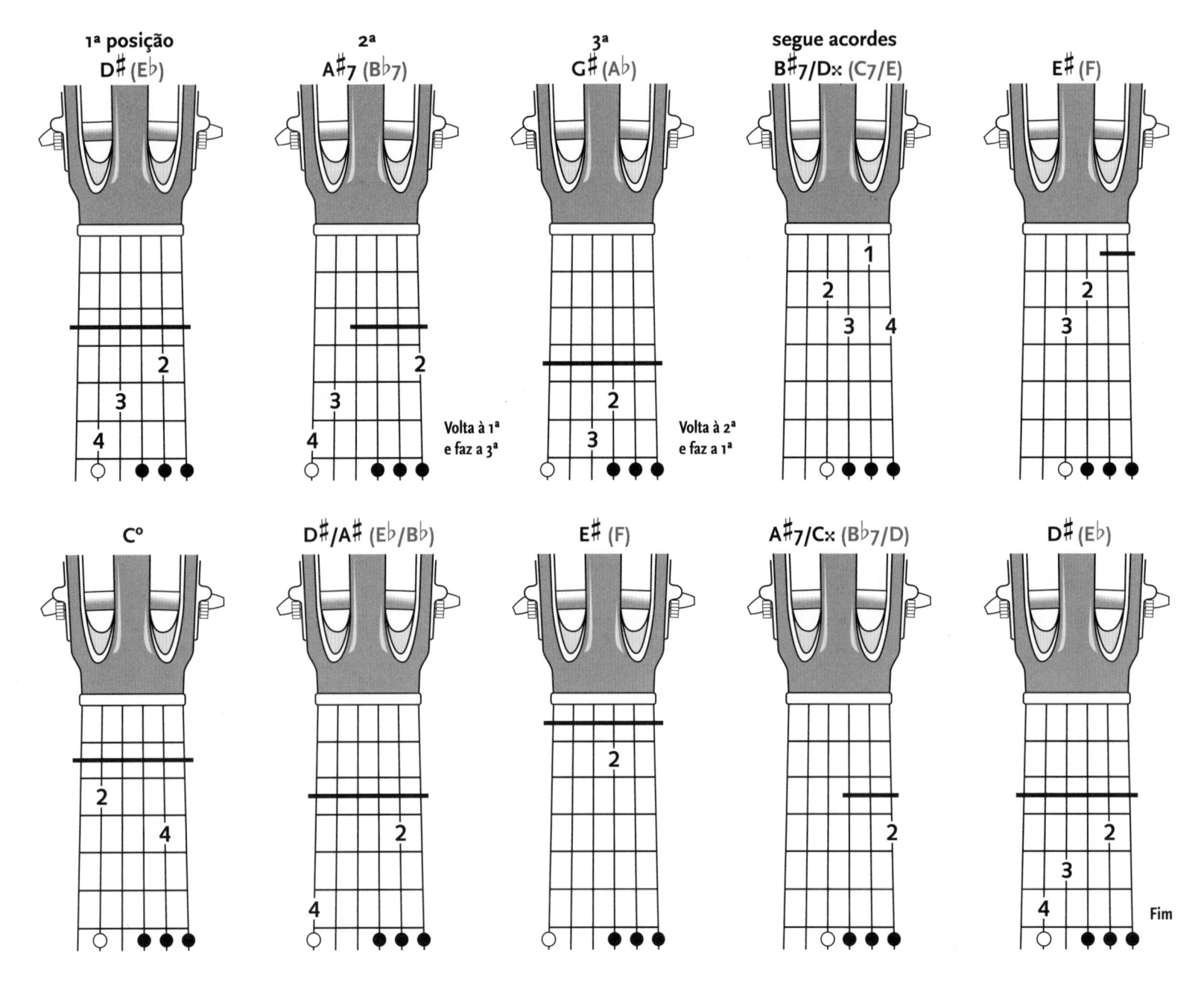

2ª
A♯7 (B♭7)

3ª
G♯ (A♭)

segue acordes
B♯7/D× (C7/E)

E♯ (F)

Volta à 1ª e faz a 3ª

Volta à 2ª e faz a 1ª

C°

D♯/A♯ (E♭/B♭)

E♯ (F)

A♯7/C× (B♭7/D)

D♯ (E♭)

Fim

Ré sustenido [#] menor (ou MI BEMOL [♭] MENOR)

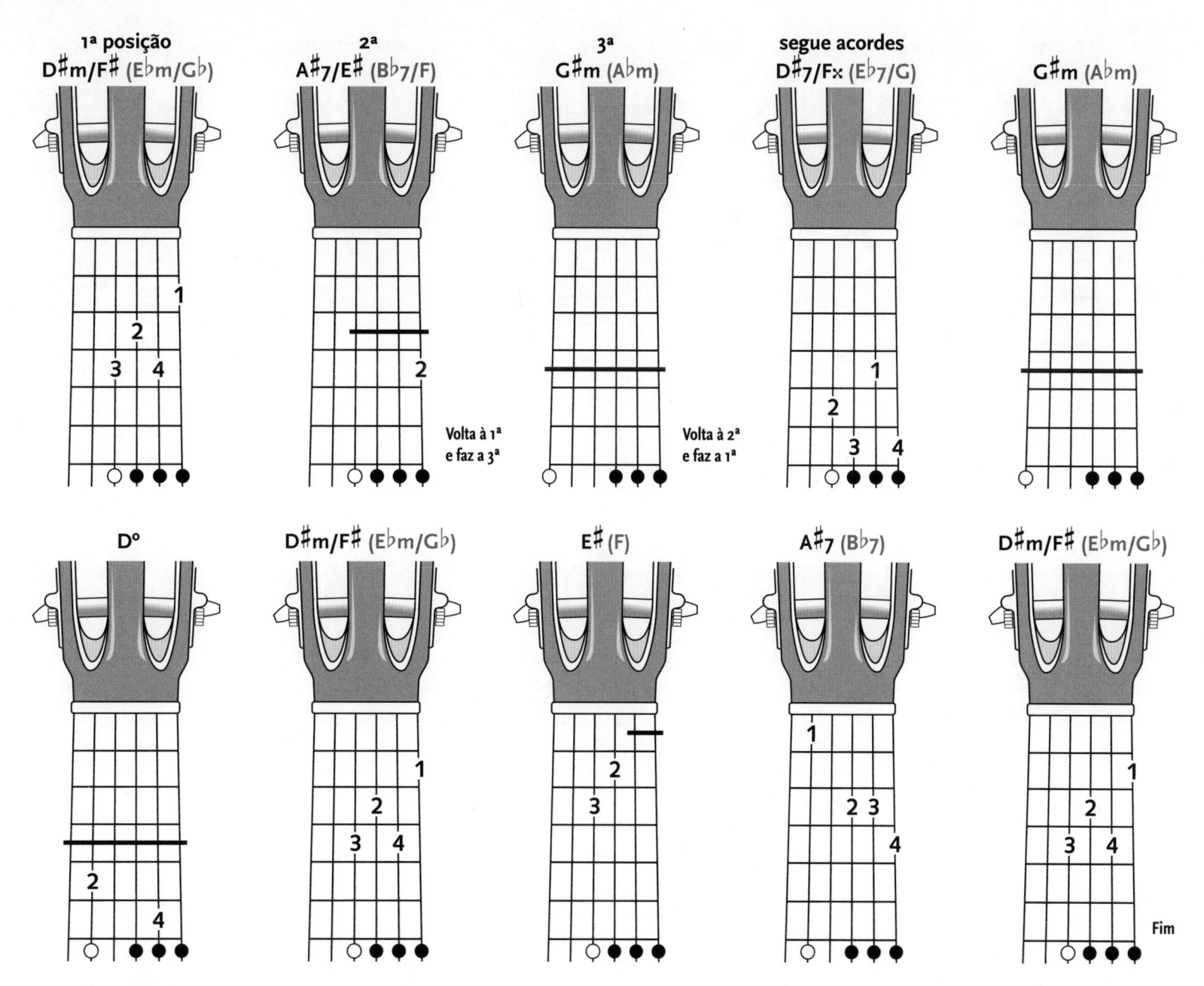

1ª posição
D#m/F# (E♭m/G♭)

2ª
A#7/E# (B♭7/F)

Volta à 1ª e faz a 3ª

3ª
G#m (A♭m)

Volta à 2ª e faz a 1ª

segue acordes
D#7/F𝄪 (E♭7/G)

G#m (A♭m)

D°

D#m/F# (E♭m/G♭)

E# (F)

A#7 (B♭7)

D#m/F# (E♭m/G♭)

Fim

25

Fá sustenido [♯] maior (ou SOL BEMOL [♭] MAIOR)

1ª posição
F♯ (G♭)

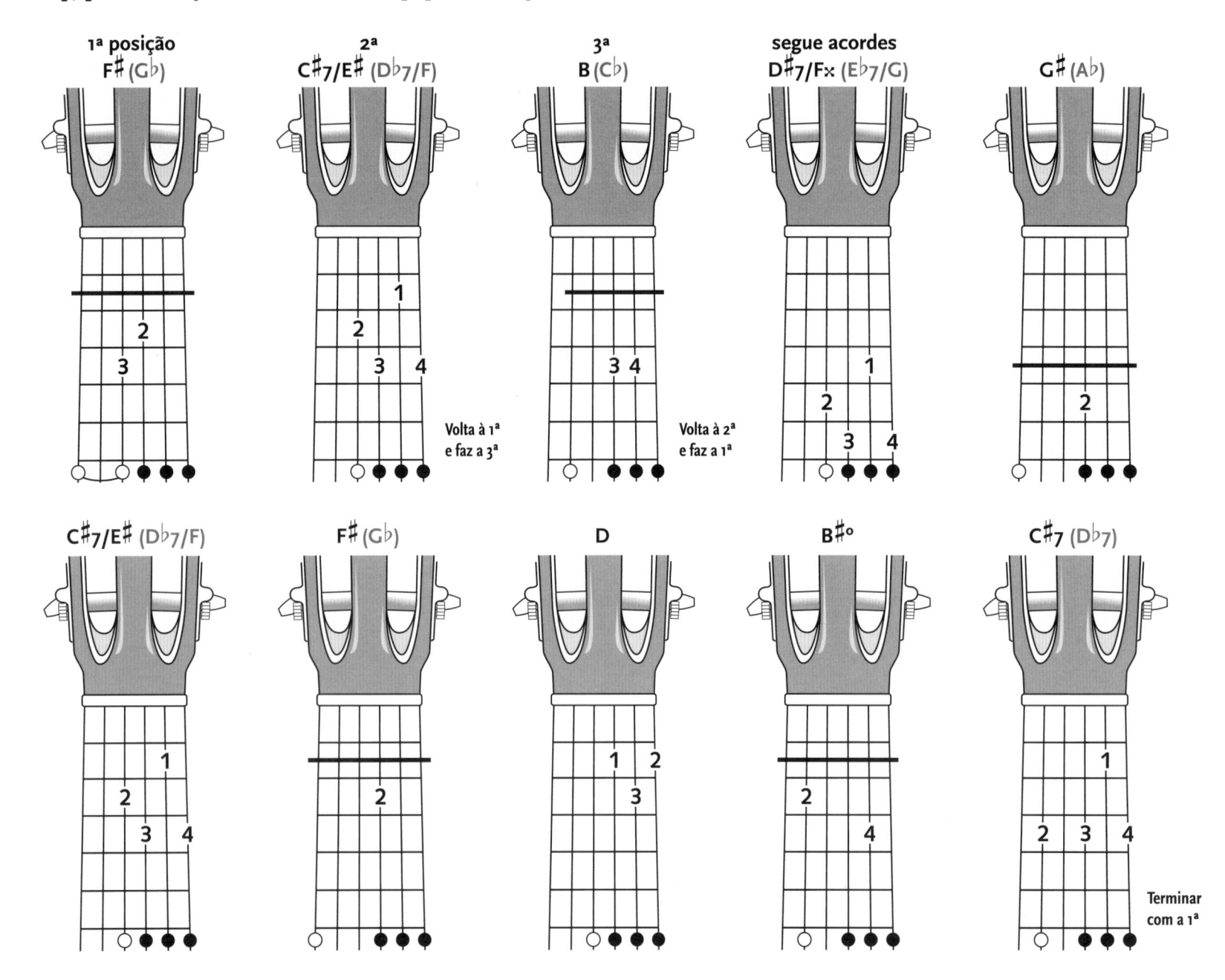

2ª
C♯7/E♯ (D♭7/F)

3ª
B (C♭)

Volta à 1ª e faz a 3ª

segue acordes
D♯7/F𝄪 (E♭7/G)

Volta à 2ª e faz a 1ª

G♯ (A♭)

C♯7/E♯ (D♭7/F)

F♯ (G♭)

D

B♯°

C♯7 (D♭7)

Terminar com a 1ª

Fá sustenido [♯] menor (ou SOL BEMOL [♭] MENOR)

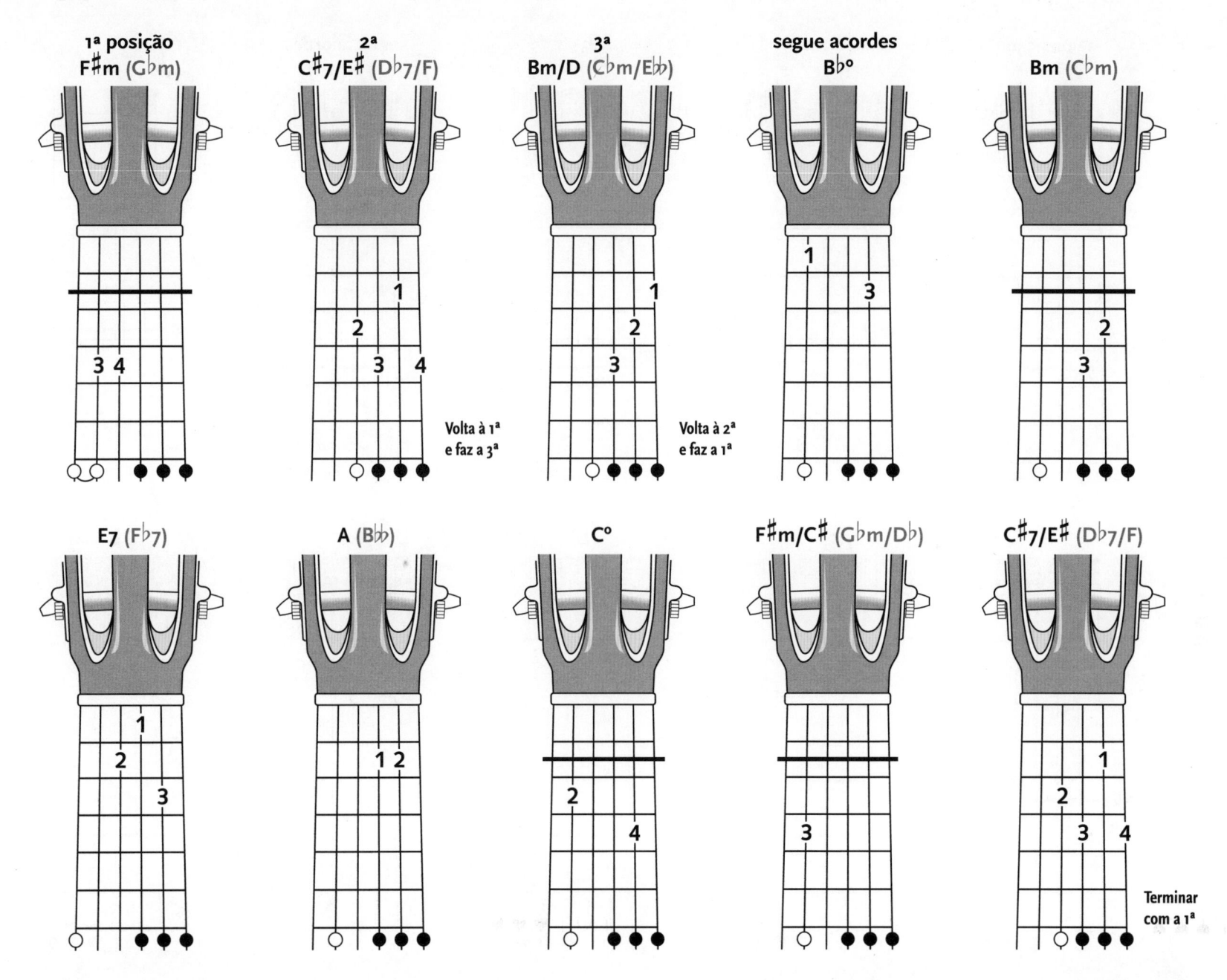

1ª posição
F♯m (G♭m)

2ª
C♯7/E♯ (D♭7/F)

3ª
Bm/D (C♭m/E♭♭)

segue acordes
B♭°

Bm (C♭m)

Volta à 1ª e faz a 3ª

Volta à 2ª e faz a 1ª

E7 (F♭7)

A (B♭♭)

C°

F♯m/C♯ (G♭m/D♭)

C♯7/E♯ (D♭7/F)

Terminar com a 1ª

27

Sol sustenido [♯] maior (OU LÁ BEMOL [♭] MAIOR)

1ª posição
G♯ (A♭)

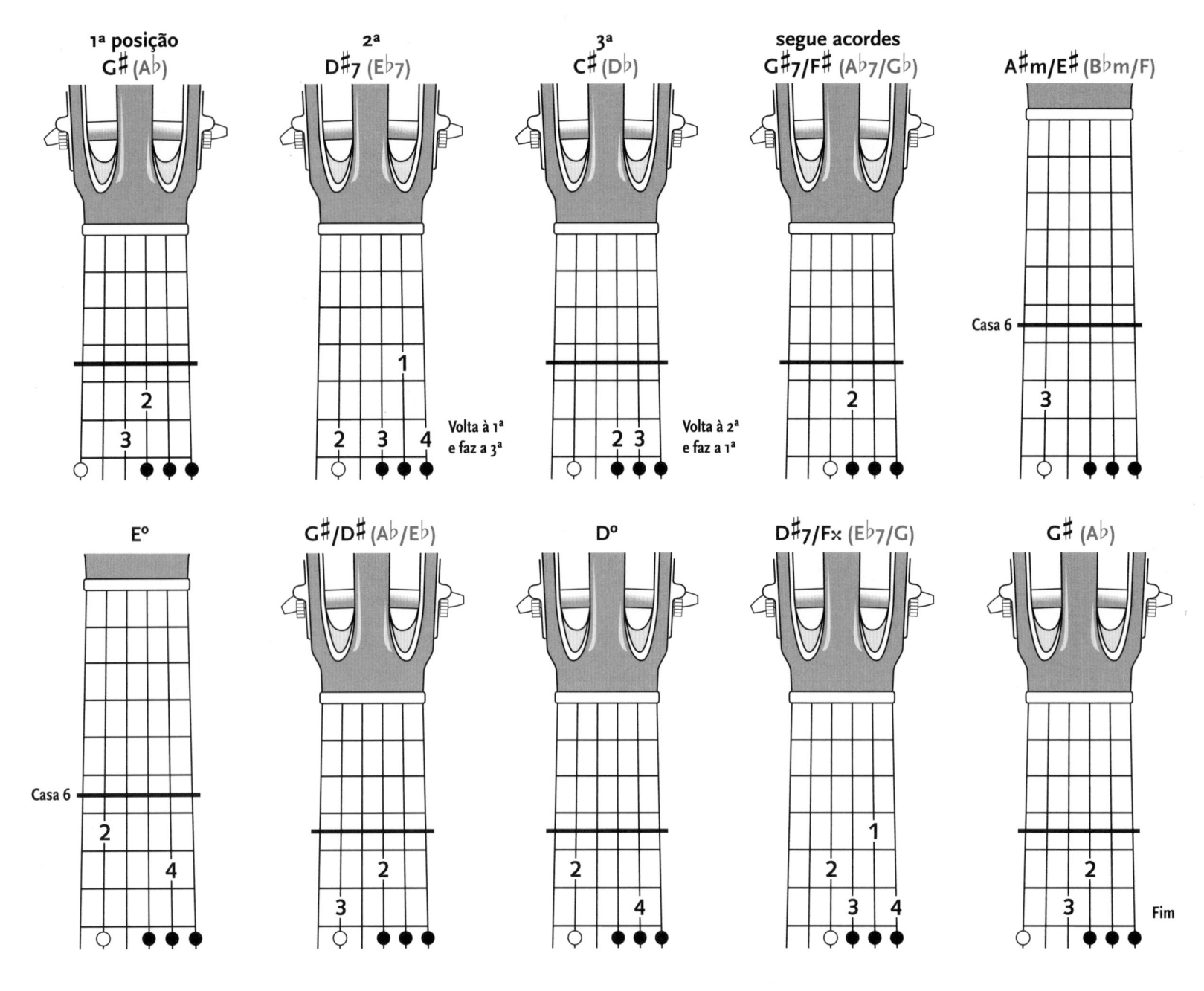

2ª
D♯7 (E♭7) — Volta à 1ª e faz a 3ª

3ª
C♯ (D♭) — Volta à 2ª e faz a 1ª

segue acordes
G♯7/F♯ (A♭7/G♭)

A♯m/E♯ (B♭m/F) — Casa 6

E° — Casa 6

G♯/D♯ (A♭/E♭)

D°

D♯7/F𝆊 (E♭7/G)

G♯ (A♭) — Fim

Sol sustenido [#] menor (ou LÁ BEMOL [♭] MENOR)

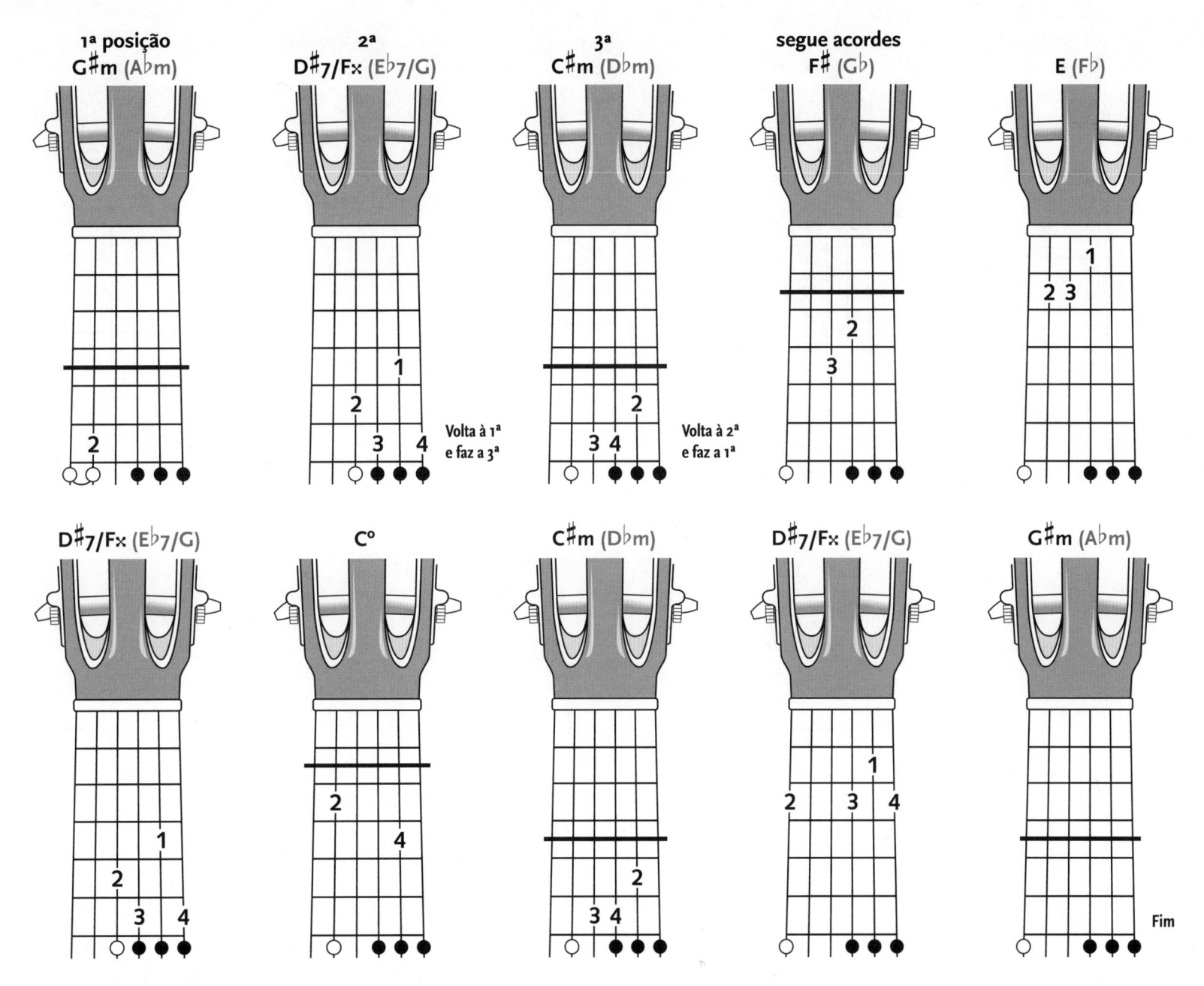

1ª posição G#m (A♭m)	2ª D#7/F× (E♭7/G)	3ª C#m (D♭m)	segue acordes F# (G♭)	E (F♭)
		Volta à 1ª e faz a 3ª	Volta à 2ª e faz a 1ª	

D#7/F× (E♭7/G)	C°	C#m (D♭m)	D#7/F× (E♭7/G)	G#m (A♭m)
				Fim

Si bemol [♭] maior

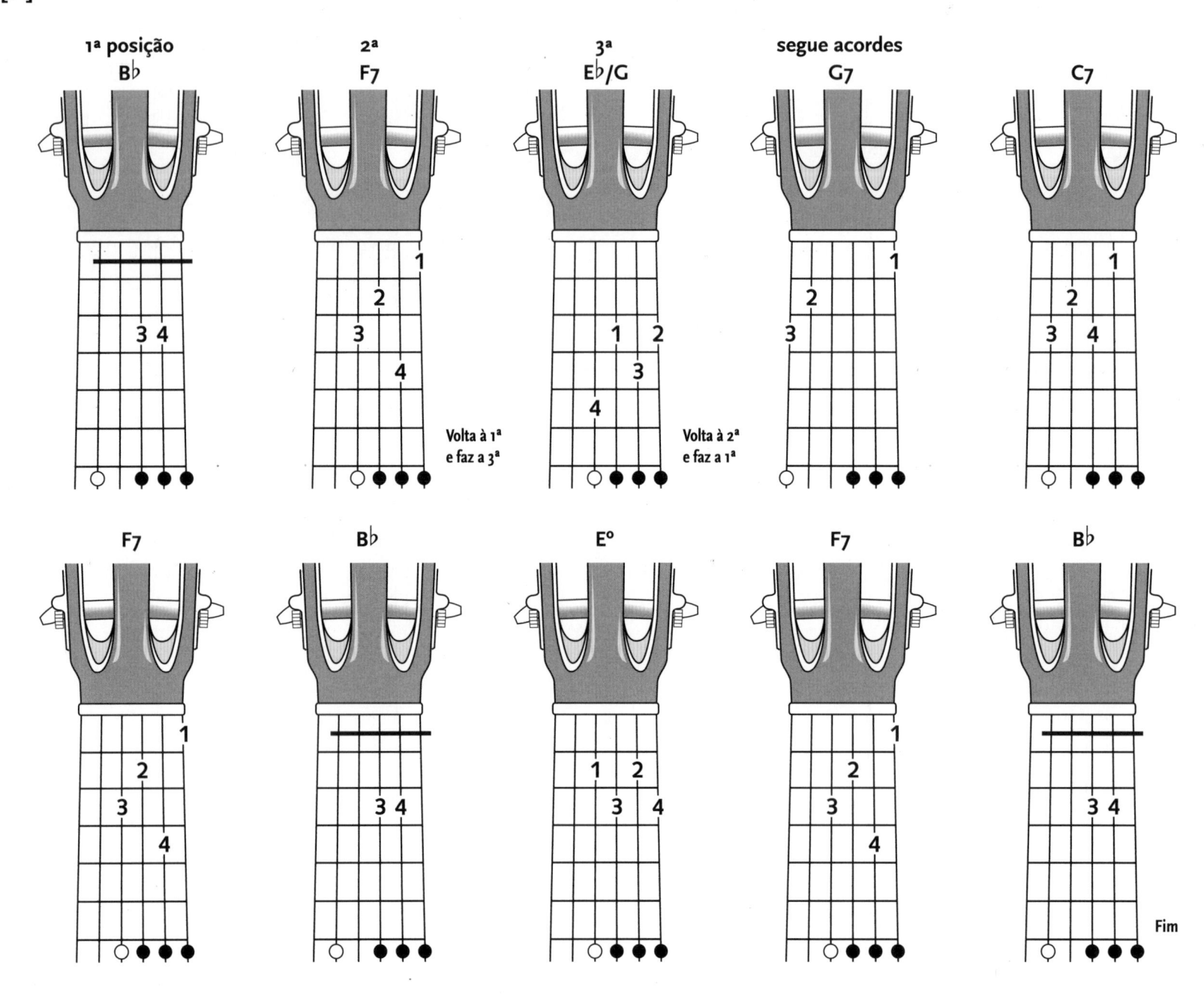

1ª posição
B♭

2ª
F7

3ª
E♭/G

segue acordes
G7

C7

Volta à 1ª e faz a 3ª

Volta à 2ª e faz a 1ª

F7

B♭

E°

F7

B♭

Fim

30

Si bemol [♭] menor

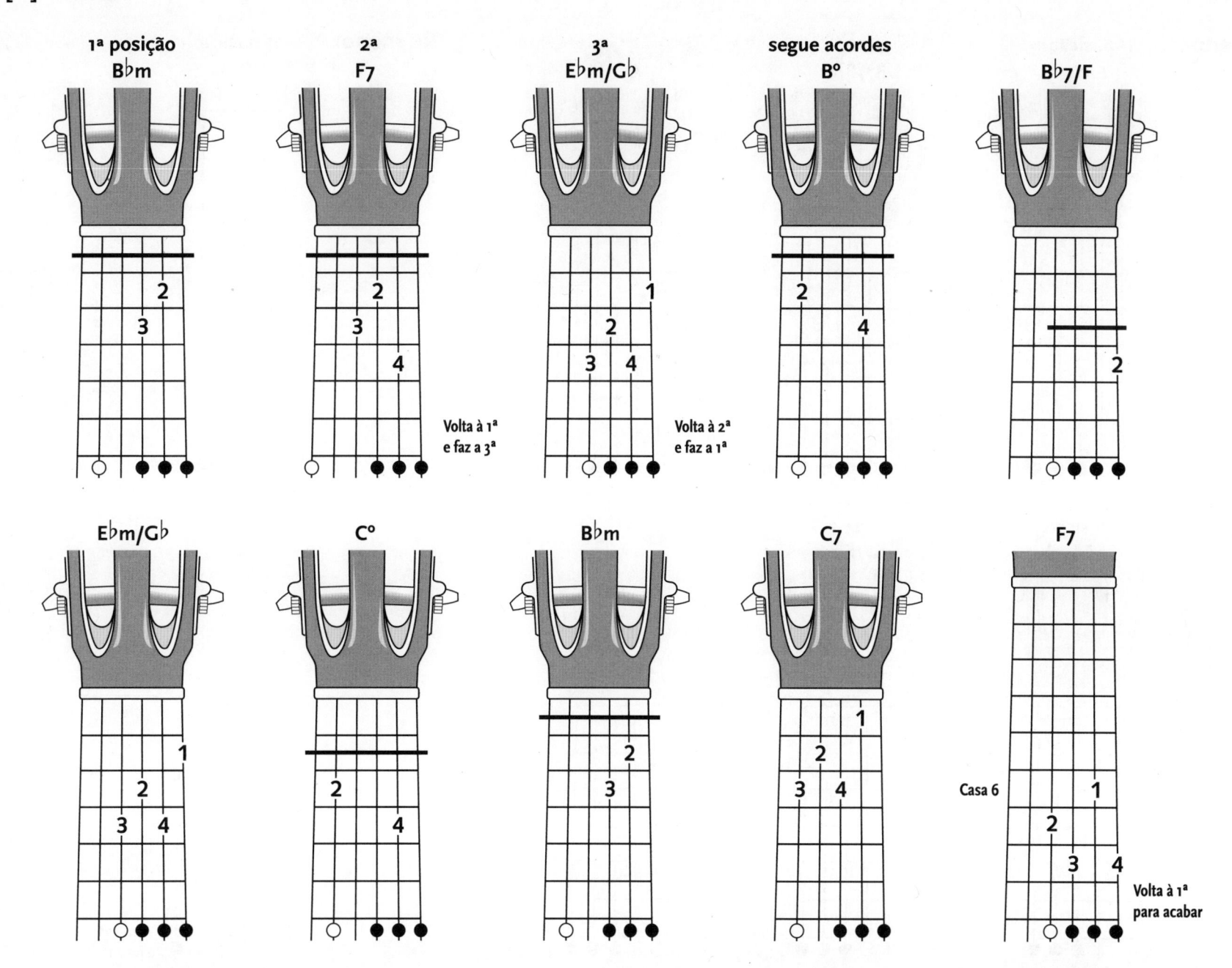

1ª posição
B♭m

2ª
F7

Volta à 1ª
e faz a 3ª

3ª
E♭m/G♭

Volta à 2ª
e faz a 1ª

segue acordes
B°

B♭7/F

E♭m/G♭

C°

B♭m

C7

F7

Casa 6

Volta à 1ª
para acabar

Tonalidades em diferentes posições

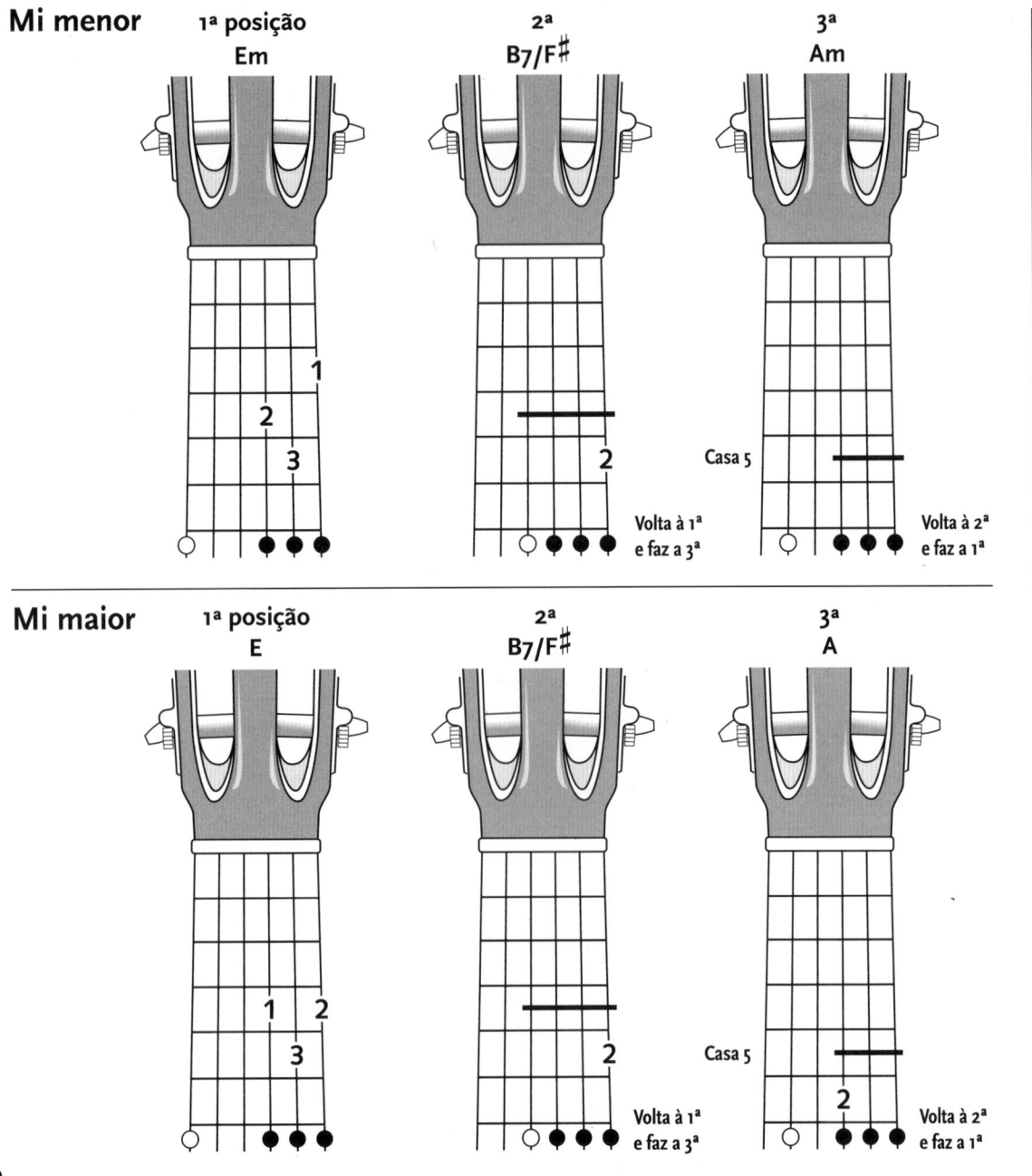

Mi menor

1ª posição — Em
2ª — B7/F#
3ª — Am (Casa 5)

Volta à 1ª e faz a 3ª
Volta à 2ª e faz a 1ª

Mi maior

1ª posição — E
2ª — B7/F#
3ª — A (Casa 5)

Volta à 1ª e faz a 3ª
Volta à 2ª e faz a 1ª

Ré menor

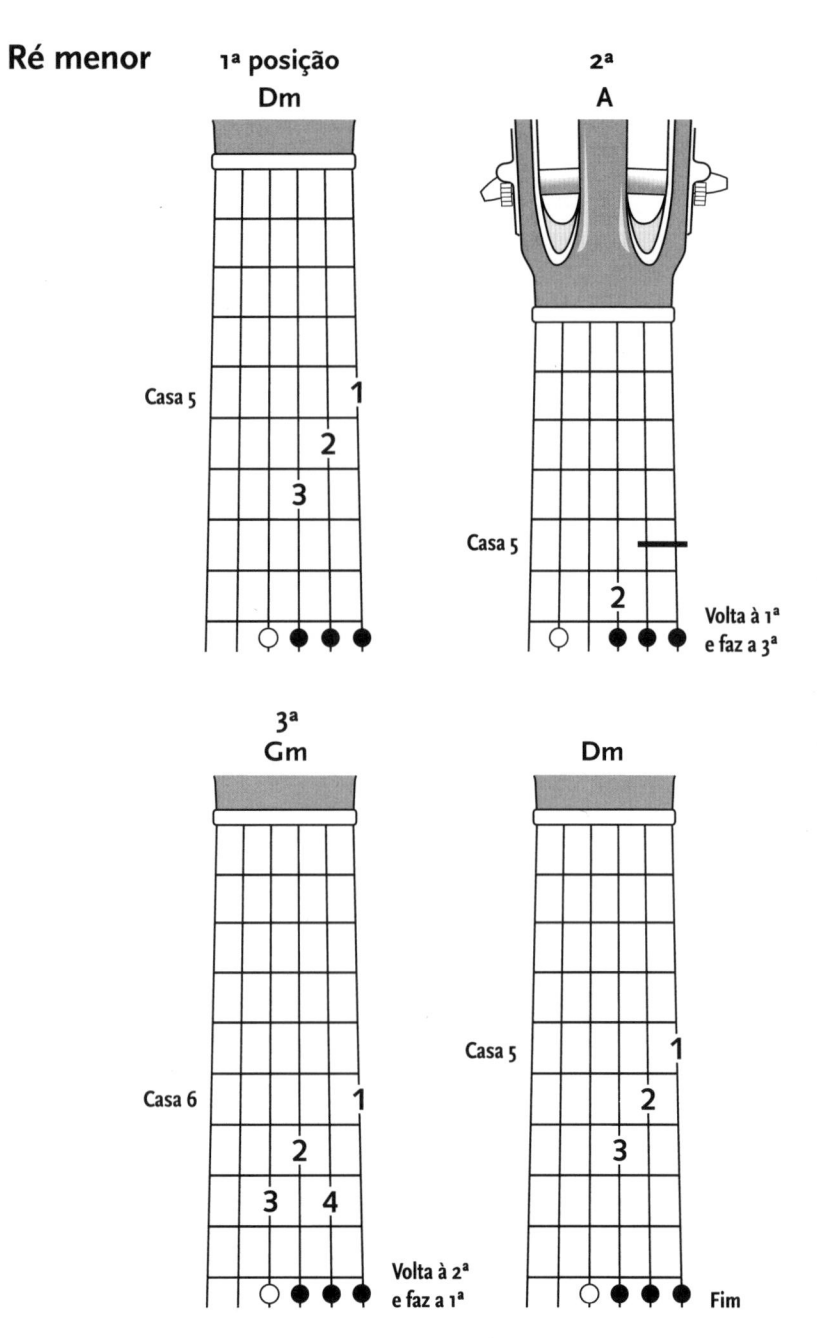

1ª posição — Dm (Casa 5)
2ª — A (Casa 5)
3ª — Gm (Casa 6)
Dm (Casa 5)

Volta à 1ª e faz a 3ª
Volta à 2ª e faz a 1ª
Fim

Tonalidades em diferentes posições

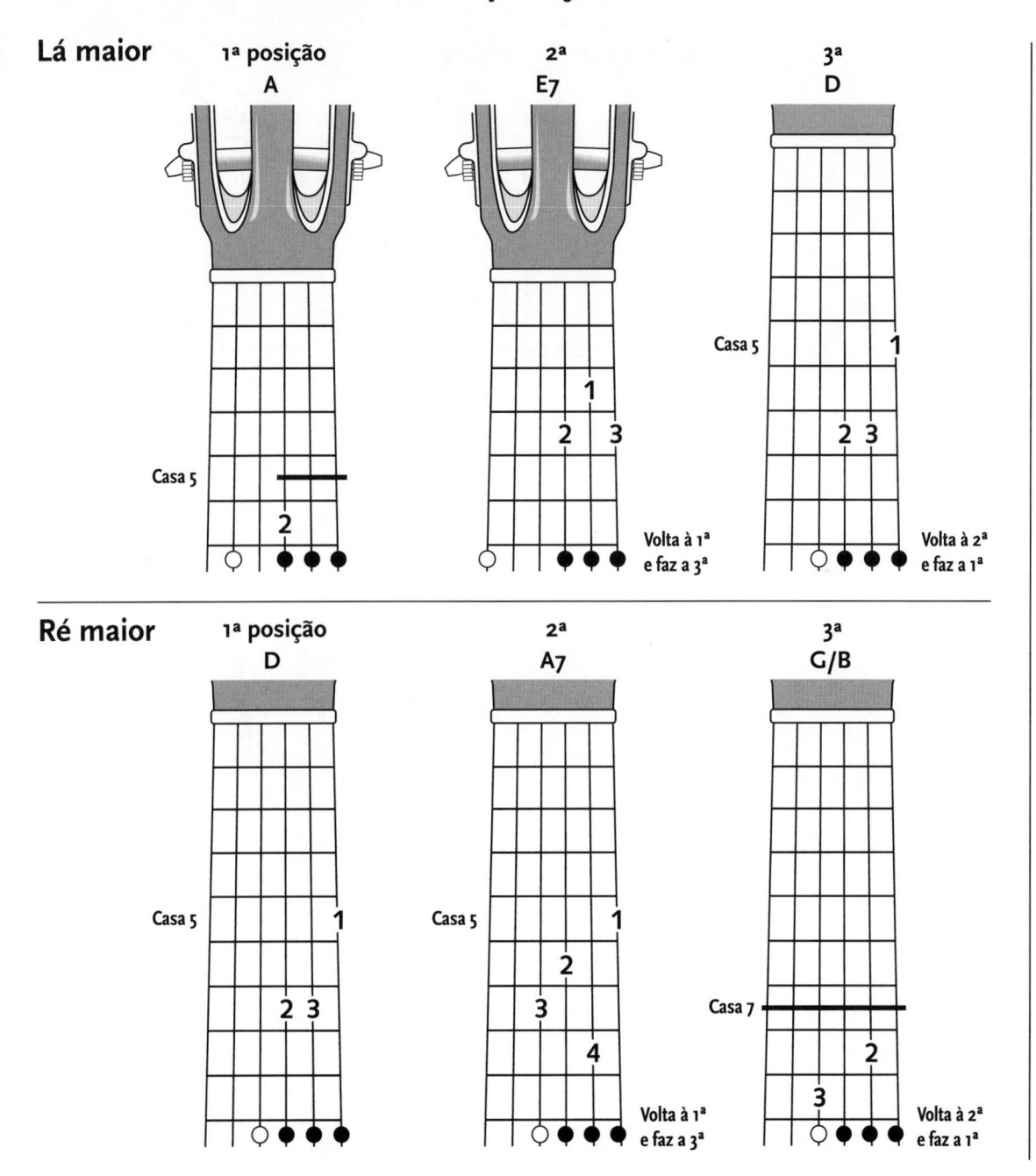

Lá maior

1ª posição — A
2ª — E7
3ª — D

Casa 5

Volta à 1ª e faz a 3ª
Volta à 2ª e faz a 1ª

Lá menor

1ª posição — Am
2ª — E7

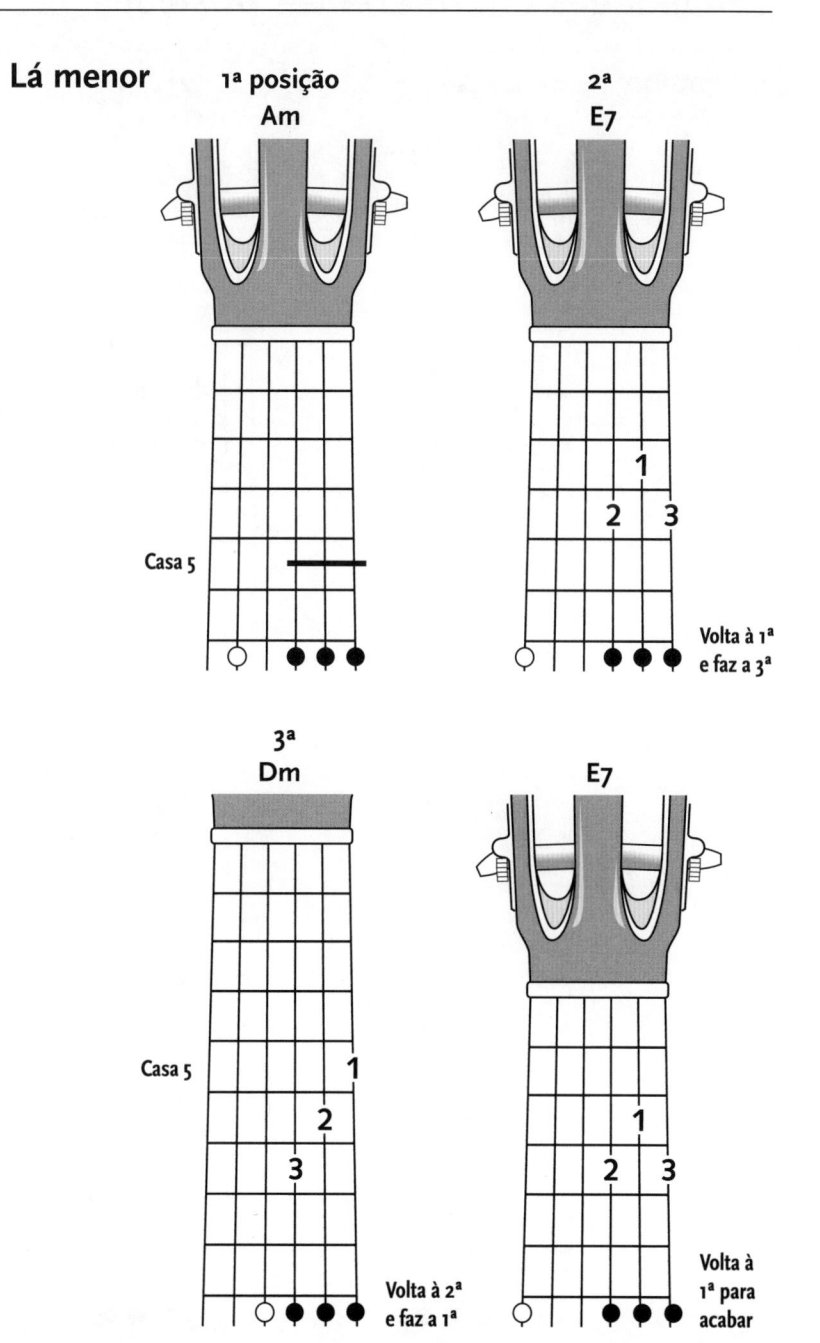

Casa 5

Volta à 1ª e faz a 3ª

Ré maior

1ª posição — D
2ª — A7
3ª — G/B

Casa 5
Casa 5
Casa 7

Volta à 1ª e faz a 3ª
Volta à 2ª e faz a 1ª

(Lá menor continuação)

3ª — Dm
E7

Casa 5

Volta à 2ª e faz a 1ª
Volta à 1ª para acabar

33

Tonalidades em diferentes posições

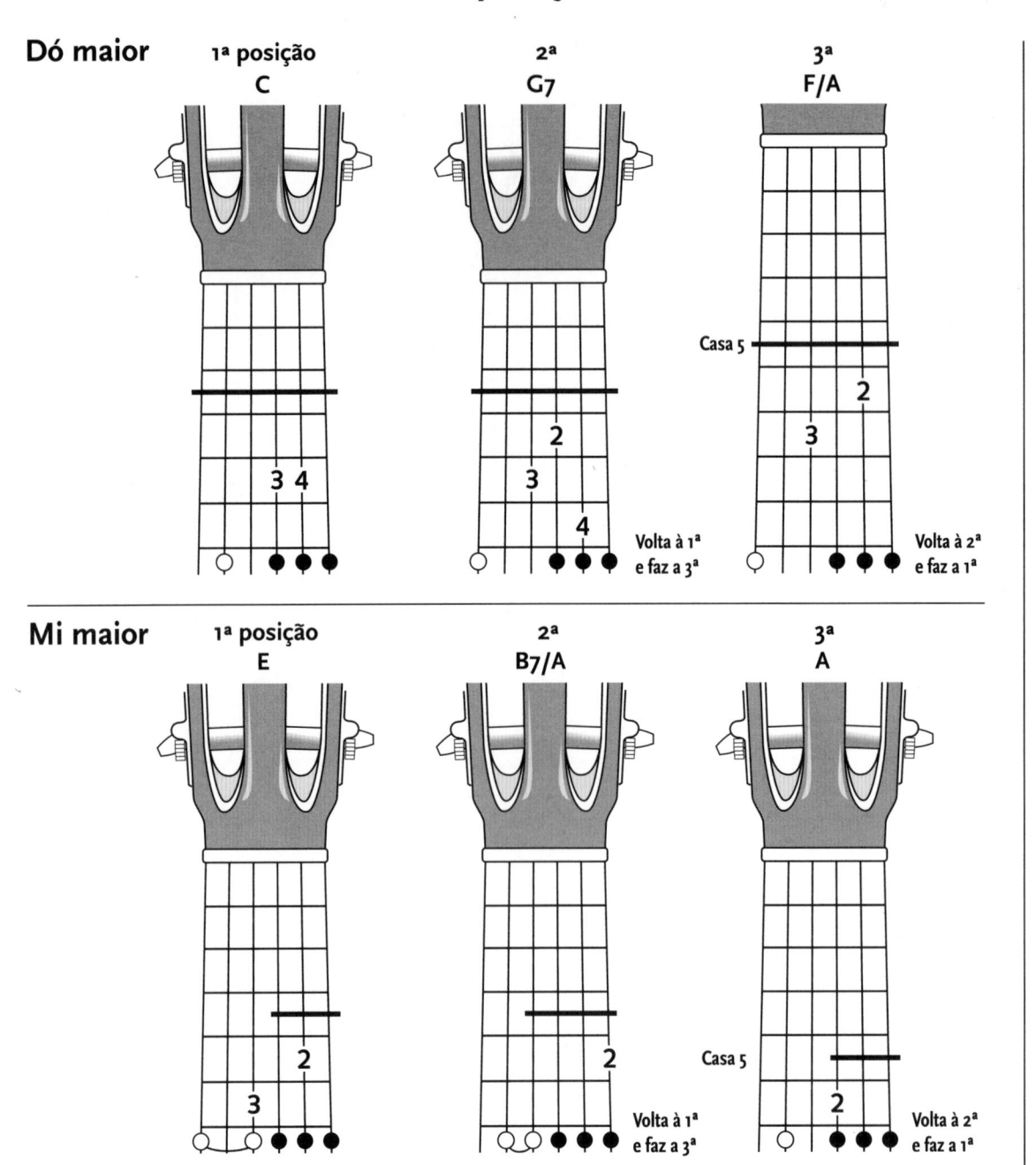

Dó maior
1ª posição — C
2ª — G7
3ª — F/A

Casa 5

3 4 — Volta à 1ª e faz a 3ª
2 3 4 — Volta à 2ª e faz a 1ª

Ré menor
1ª posição — Dm
2ª — A7

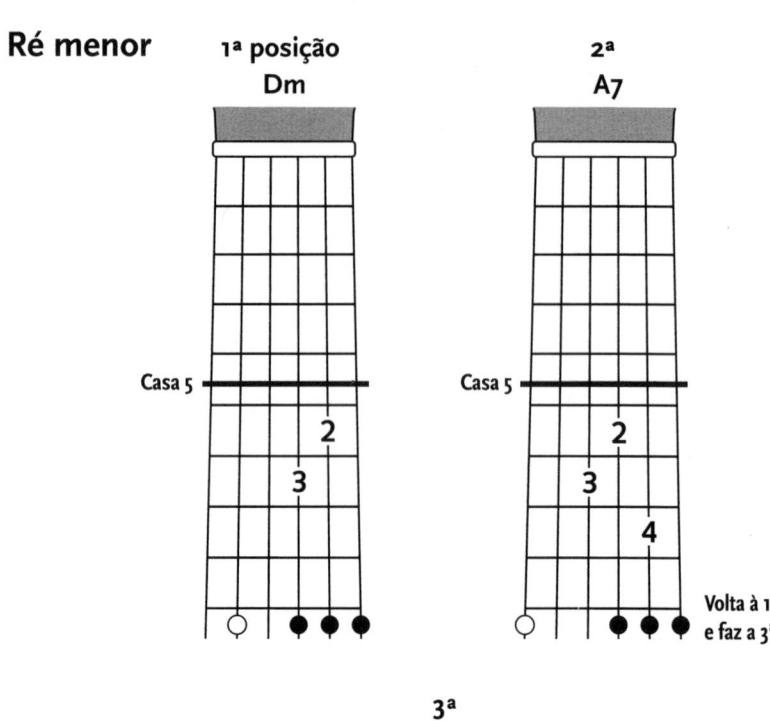

Casa 5

2 3
2 3 4 — Volta à 1ª e faz a 3ª

Mi maior
1ª posição — E
2ª — B7/A
3ª — A

2 3
2 — Volta à 1ª e faz a 3ª
Casa 5
2 — Volta à 2ª e faz a 1ª

3ª — Gm

2 — Volta à 2ª e faz a 1ª

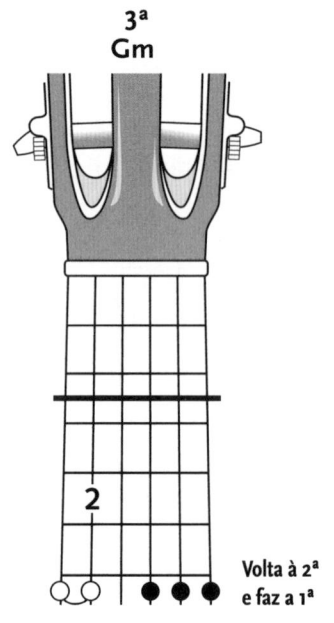

Tonalidades em diferentes posições

Sol maior

1ª posição
G

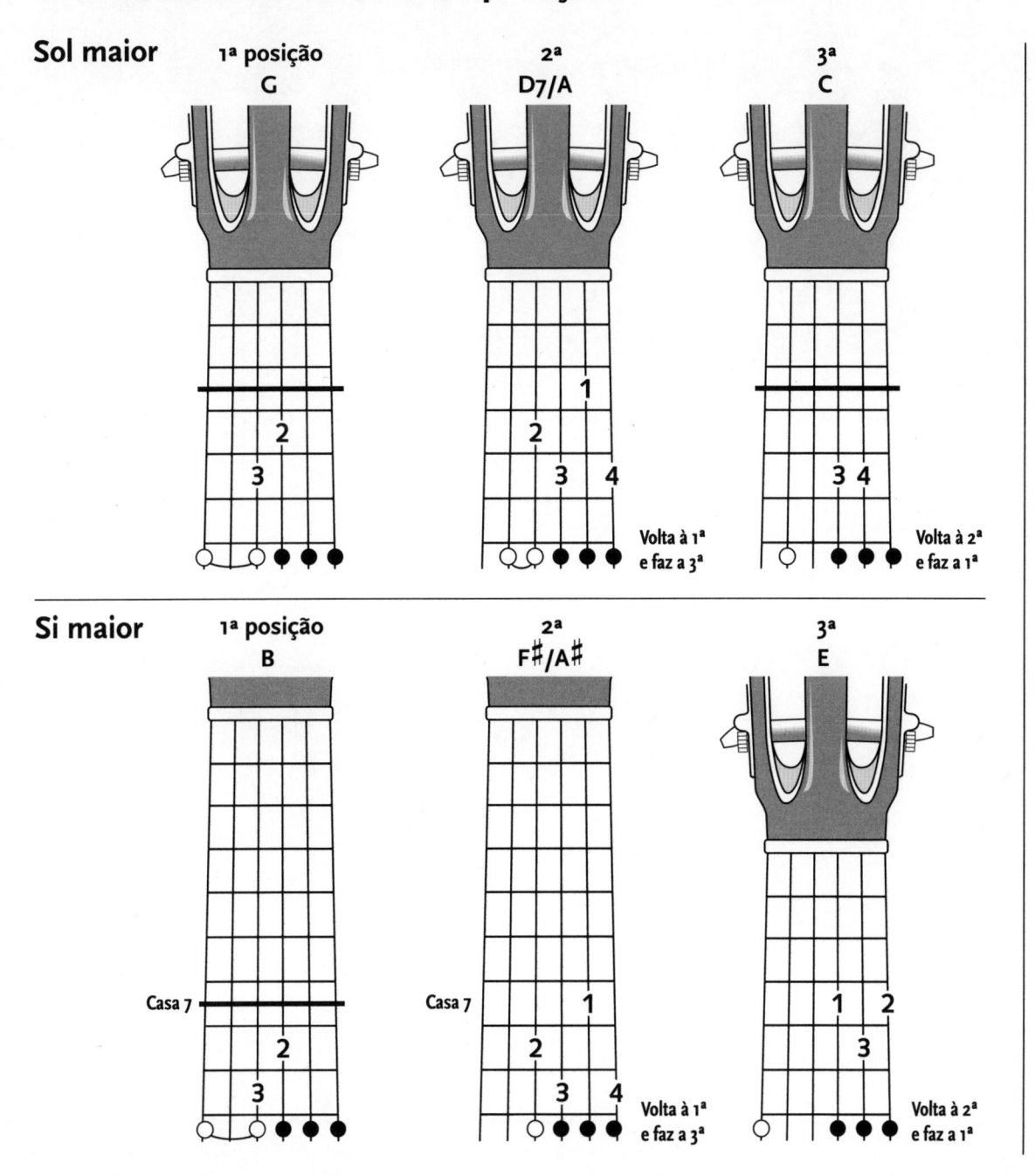

2ª
D7/A

3ª
C

Volta à 1ª e faz a 3ª (2ª)
Volta à 2ª e faz a 1ª (3ª)

Fá maior

1ª posição
F/A
Casa 5

2ª
C7/G
Casa 5

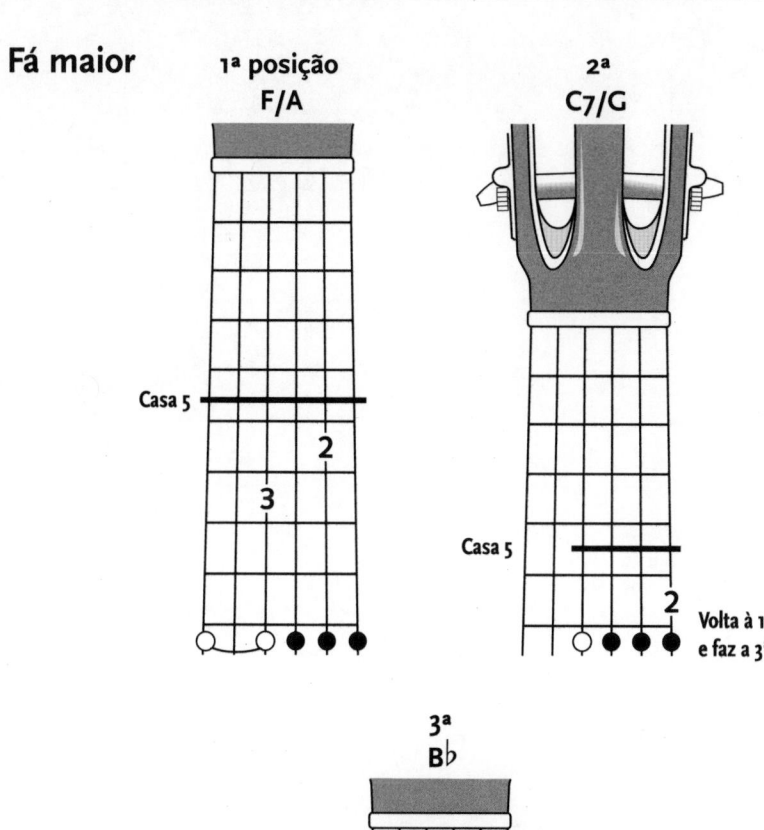

Volta à 1ª e faz a 3ª

Si maior

1ª posição
B
Casa 7

2ª
F#/A#
Casa 7

3ª
E

Volta à 1ª e faz a 3ª (2ª)
Volta à 2ª e faz a 1ª (3ª)

3ª
Bb
Casa 6

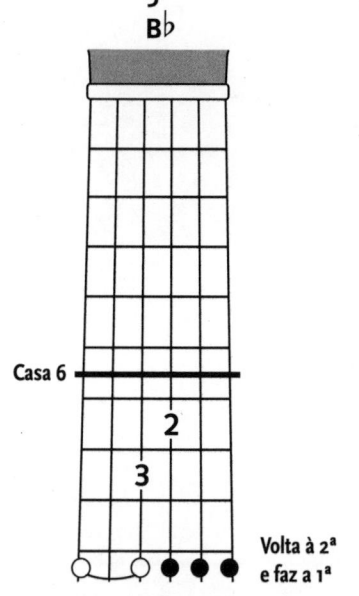

Volta à 2ª e faz a 1ª

35